KB158614

기초학습능력을 높이는

메타인지학습

고성원·전도근 지음

인피니티컨설팅

머 리 말

현대 사회의 가장 특징적인 측면 중에 하나는 급속한 과학기술의 발달과 산업화가 인간 생활을 물질적으로는 풍요롭게 만들어 주고 있으나, 이러한 물질적 풍요로움의 그늘에는 사회의 급속한 변화로 적응을 요구하고 있다.

사회의 변화에 대한 적응을 위해서는 끊임없이 새로운 지식을 배워가야 한다는 것이다. 그래서 오늘날 인간은 다양하고 복잡한 정보 속에서 늘 새롭게 발전하기 위해 노력하고 알지 못했던 것을 배우고 익히면서 살아가는 학습적 존재라 할 수 있다.

사회의 급속한 변화는 교사에 의해서 주어진 지식을 수동적으로 받아들이는 것이 아니라 학생 스스로가 문제에 직면하여 정보를 활용하고 새로운 정보를 기존 지식과 연결하여 자신만의 지식으로 구성해갈 것을 요구하고 있다.

이러한 차원에서 '생각에 대한 생각'이라고도 하는 메타인지는 지각, 기억, 학습, 개념형성, 사고, 판단, 추론, 계획, 문제해결 등의 인지과정에 대한 인식과 모니터링 및 통제 능력을 말한다. 따라서 메타인지학습은 급변하는 현시대에 가장 적합한 학습전략이라고 할 수 있다.

더욱이 우리나라의 교육은 세계적으로 높은 교육열과 수준 높은 교육으로 평가받고 있으나 현재 교육 현장에 있는 학생들은 입시 위주의 경쟁 교육에서 소외가 발생하게 되고 일부 학생들은 교과과정을 따라가기조차 힘들어 학습을 포기하는 경우가 많아지고 있는 추세이다. 이러한 현상은 기초학습능력이 부족한 학생들이 나타나게 하고, 학습 무기력뿐 아니라 정서·행동적 부적응으로 부정적인 학교생활을 경험하고 있다. 이러한 문제를 해결하기 위해서

각 교육청에서는 기초학습능력 지원센터를 만들어 운영하고 있으며, 학교에서는 개별 교육을 진행하고 있으나 큰 효과를 보지 못하고 있다. 따라서 기초학습 능력이 부족한 학생에게 인지적 능력에 따른 효과적인 기초학습능력을 높이는 학습전략을 제공해야 할 필요성이 증가하고 있는 시점에 자기주도적 학습 능력을 길러주는 메타인지학습은 효과적인 학습전략이 될 것이다.

이 책은 메타인지를 학교 현장에 적용할 수 있도록 메타인지학습전략의 이론부터 적용 방법과 기초학습 능력을 높이는 방법에 대해서 다루고 있다. 부디 이 책을 통해 학습부진아는 물론 메타인지학습전략을 교육 현장에 적용하려는 교사나, 자녀에게 적용하려는 부모들에게 도움이 되기를 기대해 본다.

지은이 고성원·전도근

목 차

제1장
메타인지란 무엇인가?

01. 메타인지란 무엇인가?

메타인지(Metacognition)라는 단어는 무엇인지는 모르지만 현대 사회를 살아가는 데 꼭 필요한 학습 방법으로 인식하고 있다. 메타인지는 메타(meta)와 인지(cognition)라는 단어가 결합된 신조어다.

메타(meta)의 사전적 의미는 위치·상태의 변화와 관련 있음을 나타내는 것으로 '더 높은', '초월한'의 뜻을 나타내는 접두어다. 그리고 인지(cognition; 認知)는 자극을 받아들이고, 저장하고, 인출하는 일련의 정신 과정으로 지각, 기억, 상상, 개념, 판단, 추리를 포함하여 무엇을 안다는 것을 나타내는 포괄적인 용어다. 따라서 우리나라는 메타인지(Metacognition)를 초인지(超認知) 또는 상위인지(上位認知)로 번역하여 사용하였다.

메타인지(Metacognition)에 대한 사전적 정의를 보면 "자신의 인지과정에 대해 생각하여 자신이 아는 것과 모르는 것을 자각하는 것과 스스로 문제를 찾아내고 해결하며 자신의 학습 과정을 조절할 줄 아는 지능과 관련된 인식"이라고 하였다. 즉 메타인지는 문제를 해결하는 과정에서 저산아 아는 것과 모르는 것으로 분류하여 모르는 것에 대하여 자신에게 무슨 정보가 필요한지를 알아낼 수 있는 전략을 만들어 내는 능력이며, 자신의 문제해결 단계와 전략을 계획하는 것이며, 얻어진 결과에 대해 반성해 보고 평가하는 것이라고 정의할 수 있다.

미국의 저명한 심리학자인 토머스 고든(Thomas Gordon)은 메타인지를 문제해결 과정을 계획하고, 수정하고, 구조를 검토하고, 학습 결과를 평가하는 등을 조정하는 것이라고 정의하였다.

지금까지의 메타인지에 대한 정의를 종합해보면 인간의 지각, 기억, 학습, 개념형성, 사고, 판단, 추론, 계획, 문제해결 등의 인지과정에 대한 인식과 모니터링하고 조절하고 평가하는 것을 말한다.

쉽게 말하면 메타인지는 현재 자신의 모든 인지를 거울처럼 바라보고, 아는 지식과 모르는 지식을 구분하여, 모르는 지식에 대하여 어떻게 대처할지를 계획하고 실행하는 능력이라고 할 수 있다. 여기서 말하는 지식은 단지 안다는 느낌만이 아니라 직접 설명할 수 있는 상태의 지식을 말한다.

02. 메타인지의 기원

오래전부터 인간은 세상의 사물에 대한 생각, 사람의 의식, 기억, 반성 등과 같은 인지는 철학의 관심사였다. 철학의 관심사는 그대로 심리학의 연구과제로 전이하였으며, 근대에 들어와서는 세상을 살아가는 데 필요한 지식을 얻어야 하기 때문에 인간이 획득하는 지식의 본질에 대한 관심이 증가하게 되었다.

근대에 들어와서 영국의 철학자이며 정치학자인 존 로크(John Locke)는 인간의 성찰이나 반성이 지식의 유일한 원천이며, 성찰은 자신의 마음 상태를 인식하고, 마음이 어떻게 작동하는지를 알아차리는 것이라고 하였다. 인지 발달 연구의 선구자인 스위스의 심리학자 장 피아제(Jean Piaget)는 반성은 인간의 인지능력을 안정적이고 의식적으로 사용 가능한 상태로 만든다고 하였다. 이러한 지식의 본질에 대한 관심은 메타인지라는 새로운 용어를 출현하게 하였다.

존 로크   장 피아제

현대 우리가 사용하는 메타인지 개념의 기원은 1970년대 미국의 교육심리학자 존 플라벨(John H. Flavell)에 의해 사용된 메타 기억에서였다. 그는 미취학 아동과 초등학생을 대상으로 한 실험에서 실제 완전히 암기하기 전에 암기했다고 믿는 것을 모니터링하고 통제하는 상황을 발견했다.

존 플라벨

플라벨(Flavell)은 피실험자가 자신의 암기 활동에 대하여 모니터링하고 평가하는 것을 기억에 대한 기억 즉, 암기 활동에 대한 지식으로 설명하였고 이것이 메타 기억(meta-memory)이라고 하였다. 그 후 플라벨(Flavell)은 인지의 개념과 메타인지를 대비시키며, 메타인지에 대한 정의를 '인지 과제를 수행하는 과정 혹은 결과에 영향을 미칠 수 있는 변인에 대한 개인적 지식'이라고 하였다.

메타인지는 1970년대 말부터 여러 현장에 적용되어 긍정적인 결과를 가져와서 효과적인 학습 방법으로 알려지게 되었다. 1980년대 초에는 학습 효과를 높일 수 있는 방법을 찾고 있던 심리학자들이 메타인지를 매우 효과적인 학습 방법으로 받아들여 메타인지 전략이라고 하면서 메타인지를 현장에 적용하는 점차 증가하게 되었다.

우리나라에서는 메타인지라는 개념이 들어오면서 메타 기억이나 메타 이해 등으로 이해하였다. 그래서 메타인지(Metacognition)를 초인지(超認知) 또는 상위인지(上位認知)로 번역하여 메타인지가 인지 위에서 인지를 조절하고 관리하는 차원으로 인식되고 있기 때문에 '생각에 대한 생각'이라고도 한다. 이처럼 우리나라는 메타인지가 고차원적 인지능력이기 때문에 상위 1%의 공부 방법이라고 하거나, 공부를 잘하는 학생들의 공부 방법이라고 인식하는 경우가 많다.

결국 메타인지를 공부를 잘하게 해주는 학습전략으로 인식하여 메타인지에 대한 이해만을 바탕으로 기존의 교수·학습모형에 적용하다 보니 학습전문가들은 자신들의 입장에서 메타인지학습을 다양하게 적용하고 있다.

03. 메타인지의 구성 요소

메타인지(Metacognition)를 구성하는 요소는 학자마다 다양하게 제시하고 있다. 메타인지(Metacognition) 개념을 최초로 제시한 플라벨(Flavell)은 메타인지를 구성하는 요소를 '메타인지 지식'과 '메타인지 경험'으로 구분하였다. 그리고 미국의 심리학자 브라운(Brawn)은 메타인지를 구성하는 요소로 '인지에 대한 지식', '인지에 대한 조절'로 구분하여 제시하였다.

지금까지 메타인지를 구성하는 요소를 종합적으로 분석해보면 일반적으로 메타인지 지식, 메타인지 경험, 메타인지 조절 등으로 나눌 수 있다.

가. 메타인지 지식

메타인지 지식은 인지를 수행하는 과정 혹은 결과에 영향을 미칠 수 있 지식을 말한다. 이는 현재 자신의 인지 상태를 파악하는 것, 과제를 해결하는 데 필요한 전략이 무엇인지 알고 있는 것, 현 상황에 맞춰 알 맞는 전략을 고르고 일반화하는 것을 말한다.

예를 들어 자신의 인지 상태를 파악하는 것은 자신의 인지에 대하여 얼마나 지각, 기억, 상상, 개념, 판단, 추리하고 있는지를 파악하는 것을 말한다. 과제를 해결하는 데 필요한 전략이 무엇인지 알고 있는 것은 지각, 기억, 상상, 개념, 판단, 추리하는 데 필요한 전략을 말한다. 현 상황에 맞춰 알 맞는 전략을 고르고 일반화하는 것은 자신의 인지과정을 해결하기 위하여 가장 잘 맞는 자신의 지각, 기억, 상상, 개념, 판단, 추리 방법을 선택하여 적용하는 것을 말한다.

메타인지 지식 요소의 하위 변인은 사람, 과제, 전략의 세 가지 차원으로 구분할 수 있다.

1) 사람에 대한 지식

사람에 대한 지식은 개인적인 특성에 대한 지식을 말한다. 예를 들어 개인적인 흥미, 적성, 선호도를 말한다. 이는 자신과 타인 등 개인적 차원의 지식, 집단 안에서의 상호적 차원의 지식, 인간 보편적 차원의 지식으로 세분화할 수 있다.

2) 과제에 대한 지식

과제에 대한 지식은 자신에게 주어진 과제의 특성에 대한 지식을 정확히 아는 것을 말한다. 과제에 대한 지식은 과제 성격에 관한 지식으로 과제에 따라 요구되는 정보처리 과정이라고 할 수 있다. 이를 통하여 과제를 해결하여 목표에 달성하는 효과적인 방법을 알 수 있다.

3) 전략에 대한 지식

전략에 대한 지식은 인지적인 과제를 해결하는 데 필요한 방법에 관한 지식이다. 암기해야 하는지, 이해해야 하는지, 기억만 해도 되는지를 선택하게 하는 지식이다. 예를 들어 독서 할 때 자신에게 질문하는 자가 질문 전략이 지식획득의 수단으로 사용할 수 있지만, 독서를 잘하고 있는지 점검하는 방법으로도 사용할 수 있다.

나. 메타인지 경험

메타인지 경험은 인지 과제를 수행할 때 얻는 느낌, 생각, 사고 등을 말한다. 예를 들어 과제를 해결하는 과정에 과거에 수행했던 유사한 상황이 떠오르거나, 경험을 통해서 자신의 지식을 수정, 추가, 삭제하는 것을 말한다.

메타인지 경험은 같거나 비슷한 과제를 수행할 때 효과적인 해결 방법을 선택하거나 해결하는 데 도움을 준다.

다. 메타인지 조절

자신이 메타인지에 대한 지식을 가지고 있다 하더라도 실제 과제를 해결하는 상황에 놓이게 되면 다양한 상황으로 해결 전략이나 진행 속도 등을 바꿔야 하는 경우가 생긴다. 예를 들어 수학에 구구단을 잘 알고 있는 학생이 두 자리 수의 곱셈 문제를 해결할 때는 기존의 구구단에 대한 지식을 바로 적용하는 것이 아니라 응용해서 사용해야 하기 해결 방법이나 진행 속도가 바뀌는 것을 말한다.

메타인지 경험을 가지고 있는 학생은 비슷한 유형의 과제를 만나면 과거의 경험을 통해서 즉각적으로 과제를 해결하고, 난이도가 높은 문제를 만나게 되면 최적화된 해결 방법을 찾게 된다. 이처럼 과제해결을 위하여 자신의 지식과 경험을 가지고 과제해결을 위한 최적화된 방법을 찾는 것을 인에 대한 조절이라고 한다.

메타인지 조절의 구체적인 역할을 보면 다음과 같다.

1) 과제를 분석하고 학습활동을 계획한다.
2) 사용한 학습전략을 평가하고 수정한다.
3) 과제의 제목이나 학습목표를 보고 학습 내용을 상상한다.
4) 과제해결과 관련된 경험을 떠올린다.
5) 다양한 자료를 과제해결에 필요한 정보로 가공한다.
6) 자신의 지식 중에서 과제해결에 필요한 지식을 활용한다.
7) 학습 내용을 요약해 보고 다른 표현으로 설명해 본다.
8) 학습 내용과 자신의 지식과 관계를 지어 상호 관련성을 찾아본다.
9) 과제해결 과정과 해결의 효과를 점검한다.

04. 메타인지 능력이란 무엇인가?

메타인지는 어떤 과제가 주어 지면 아는 지식과 모르는 지식으로 구분하여, 모르는 지식에 대하여 어떻게 대처할지를 계획하고 실행하는 능력이라고 할 수 있다.

메타인지 능력은 자신의 메타인지를 조절하는 능력이라고 할 수 있다. 즉, 메타인지 능력은 학생이 학습 장면에서 어떤 과제에 대해서 아는 것과 모르는 것을 구별해서 모르는 지식을 얻기 위해 학습목표를 수립하고. 학습계획을 수립하고 실행해서, 결과와 과정을 평가해서 부족한 부분을 보완할 수 있는 능력을 말한다.

예를 들어 철수라는 아이가 공부하다 '4차 산업혁명'이라는 과제를 만났을 때 이 용어에 대해서 아는 지식과 모르는 지식으로 구분하여 모르는 지식에 대해서 '4차 산업혁명에 대한 정의를 설명할 수 있다.'라는 학습목표를 수립하고, 학습목표에 도달하기 위해서 '4차 산업혁명'에 대한 이해를 바탕으로 정의를 암기하겠다는 학습계획을 수립해서, 관련 정보들을 수집하여 이해하고 암기한 후 자신의 과제해결 과정이나 학습 결과를 평가해서 부족한 부분을 보완하는 능력이다.

메타인지 능력이 높을수록 학업성취도가 높으면 메타인지 능력을 높여야 한다. 메타인지 능력을 높이려는 것이 메타인지 전략이다.

05. 메타인지 전략이란 무엇인가?

　메타인지 전략이란 학습자가 학습의 전 과정을 계획하고, 그 계획을 효과적으로 실행하기 위하여 학습의 진행 과정을 점검하고, 평가하고, 수정하는 체계적인 접근방식을 활용하는 전략이다. 즉, 학습 과정에서 인지 활동을 보다 전략적으로 이끌어 나갈 수 있도록 유도하는 목표설정, 계획, 모니터링, 수정 등과 같은 전략들이다. 쉽게 말하면 메타인지 능력을 높이는 방법이라고 할 수 있다.

　이러한 메타인지 전략은 학습자로 하여금 단지 학습 내용을 습득하는 단계에 머무르게 하지 않고 자신의 학습 과정을 총체적인 관점에서 효과적으로 관리해 나갈 수 있도록 도와 학습 능력을 높여 주는 역할을 한다.

　메타인지 전략은 학습전략의 일종이다. 메타인지 전략을 이용한 학습전략은 단기 기억 저장고에 있는 정보를 장기 기억 저장고로 전이를 촉진하는 내부적 또는 외부적인 인지과정으로, 학습을 도와주는 인지 활동이다. 즉, 단기 기억 저장고에 있는 정보 중에서 필요한 정보를 선택적으로 지각해서 단기 기억 저장고에서 장기 기억 저장고로 부호화하여 저장한 후에 정보가 필요할 때 장기 기억 저장고에서 정보를 인출하는 과정에 영향을 끼치는 행동과 사고를 말한다.

　메타인지 전략은 주 전략과 보조 전략으로 나눌 수 있다. 주 전략은 학습자가 학습 내용을 파악하고 이해하는 데 도움을 주는 방법이다. 그리고 보조전략은 학습자가 주 전략을 사용하는 것을 도와줌으로 학습활동이 잘 진행되도록 하는 전략을 말한다.

또한 메타인지 전략은 외재된 전략과 내재된 전략으로 나눌 수 있다.

외재된 전략은 모든 교과에 널리 적용될 수 있는 일반성이 있는 전략이나, 교과 내용과 통합되어 가르쳐지지 않기 때문에 정보가 연결되어 새로운 기억이 일어나지는 않거나 기억을 오랫동안 증진 시키지는 않는다.

내재된 전략은 기억된 정보들 사이에서 영향을 미쳐 새로운 기억을 만들어 내거나, 장기 기억을 증진하는 효과를 주지만 학습전략과 학습 내용을 혼란을 야기하고, 일반성이 없어 모든 영역에 적용하기는 어렵다.

제2장
메타인지학습의 필요성

01. 잠재 능력을 개발해 준다

인간은 무한한 가능성을 가지고 태어나지만, 그 능력 중에서 평생 5~10% 정도만 사용할 뿐이라는 사실은 이미 많이 알려져 있다. 뇌를 연구하는 학자들에 따르면 인류 역사상 뇌를 가장 많이 사용한 과학자 중의 한 사람으로 간주되는 아인슈타인도 10%를 넘지 못했다고 한다. 결국 인간은 평생 5~10%의 능력만을 사용하고 나머지 90% 이상의 잠재 능력으로 사장된다는 것이다.

모든 사람은 자신의 능력 중에서 빙산의 일각만큼만을 사용한 채 세상을 떠나가기 때문에 이제까지 자신에게 주어진 잠재 능력의 한계점까지 도달한 사람은 아무도 없는 것이다. 이처럼 잠재 능력은 겉으로 드러나지 않고 속에 숨어 있는 힘을 의미한다.

인류 역사에 위대한 발자취를 남긴 사람들은 대부분이 자신의 잠재 능력을 발굴하여 노력한 사람들이다. 우리는 여기에서 누구나 잠재 능력만 개발한다면 성공할 수 있다는 진리를 발견할 수 있다

잠재 능력은 평소에는 내재 되어 있다가 위급한 상황에 다가가면 나타나기도 한다. 예를 들면 실제 평소에는 평범했던 주부가 아이가 트럭에서 사고를 당하자 트럭을 들어 올렸듯이 뇌도 순간적인 집중력을 가지면 평소보다 더 많은 잠재력을 표출해 낼 수 있다.

초인적인 잠재력이 왜 평소에는 나타나지 않는 것인가? 그것은 집중력이 없기 때문이다. 다급할 때는 오직 그 과제를 해결해야 하겠다는 강한 집중력이 있는 반면에 평상시에는 다양한 외부 환경에 의하여 집중력이 떨어질 뿐만 아니라 장애요인까지 감안하기 때문에 잠재력은 고사하고 나타난 능력마저도 제대로 활용하지 못하는 경우가 있다.

메타인지 전략은 과제를 해결하기 위하여 주의를 집중해야만 한다. 주의를 집중해야만 주어진 과제를 분석할 수 있으며, 과제해결을 위하여 자료를 정보로 가공할 수 있으며, 과제해결을 효과적으로 할 수 있다. 따라서 메타인지 전략을 사용할수록 잠재 능력을 활용해야 하기 때문에 잠재 능력이 개발되는 것이다.

02. 창의적 인재를 만든다

엘빈 토플러의 '제3의 물결'이란 책을 보면 사회는 크게 3번의 혁명을 맞으면서 발전하였다고 한다. 제1의 물결은 농업혁명이고, 제2의 물결은 산업혁명, 제3의 물결은 지식정보화혁명이라는 것이다.

그는 농업혁명 시기에 사회의 부는 땅을 많이 가진 사람이고, 땅을 갖지 못한 사람이 노예가 되는 시대라고 했으며, 산업혁명 시기에는 공장과 자본을 많이 가진 사람이 자본가로서 부자가 되고, 공장과 자본을 갖지 못한 사람은 노동자가 되는 시대라고 했고, 지식정보화 혁명에서는 지식을 많이 가진 사람이 부를 갖는다고 하였다.

시대의 변화는 기업 활동에도 변화를 주어 산업혁명 사회처럼 커다란 공장을 지어서 일정한 모델의 상품을 만들어 내기만 해도 팔렸던 시대에서 정보화 사회로 전환되면서 금방 싫증을 내고 새로운 것을 요구하는 소비자들의 다양한 욕구를 충족시킬 수 있는 다양한 상품을 지속적으로 개발하고 만들어야만 하는 시대로 바뀌었고 전문적인 지식만으로는 다양한 새로운 상품을 개발하는 데 한계가 있도록 하였다.

결국 시대의 변화는 새로운 사회 변화를 요구하는데 그것이 바로 제4의 물결 또는 제4차 산업혁명인 것이다. 앞으로 다가오는 미래 시대를 제4의 혁명인 꿈의 혁명 시대라고 한다. 꿈의 혁명 시대는 바로 꿈만 꾸면 다음날 이루어지는 사회를 의미한다. 꿈의 혁명 시대를 이끄는 사회의 주역은 바로 창의성을 가진 사람들이다. 20세기가 공산품의 수요와 공급에 매달린 사회였다면, 21세기는 정보라는 상품의 수요와 공급이 강조되는 사회이다. 정보를 생산해서 공급하는 사람이 되지 못하면 그는 경쟁에서 뒤진다. 고유한 정보를 소지하거나 생성하지 못하면 그는 결국 그런 정보를 비싼 값을 주고 사와야 할 것이기 때문이다.

교육부에서 고시한 2009년 개정 교육과정에는 개정 방향의 목표로 '창의적 인재 양성'을 목표로 명시하였다. 여기에 기능인력 육성으로부터 창의인재 중심으로, 국내적 인재로부터 글로벌 인재로의 교육을 지향한다는 것이 주목할 만하다. 이로 인해 우리나라에서도 점차 창의성 교육의 중요성이 높아지고 있다.

창의성이란 곧 창의적인 사고를 할 수 있는 능력과 소질을 말한다. 창의성은 선천적으로 가지고 태어난 것이 아니라 다양한 경험을 바탕으로 만들어지는 것이다. 따라서 창의성은 기존의 지식을 융합하여 새로운 것으로 만들어내는 것으로 창의성을 높이기 위해서는 자기가 하고 싶은 마음이 기본이 되어야 하고 다양한 경험을 할 수 있는 것이 중요하다.

그러나 실제 학교 교육을 들여다보면 입시 위주의 주입식교육으로 인하여 창의적 인재 육성이라는 목표가 잘 실현되지 못하고 있는 실정이다. 이로 인해 학생들의 잠재된 창의성을 발휘할 수 없고, 계속된 단순 주입식교육으로 인해 창의력을 요구하는 과제에서는 해결 능력이 떨어지게 된다.

메타인지 전략 스스로 학습목표를 세우고 실천·반성해가며, 과제해결 과정에서 계속 새로운 생각을 요구한다. 따라 메타인지 전략을 습관화하면, 학습에 대하여 새로운 생각과 새로운 방법을 찾게 되며 자연스럽게 창의성은 높아진다.

03. 고기를 잡는 방법을 알려 준다

메타인지 전략의 궁극적 목적은 의미있고 행복한 삶을 영위할 수 있도록 학생의 학습 능력을 높이는 데 있다. 메타인지 전략은 단기적으로 성적 올리기에 급급한 교육이 아니라 장기적 안목에서 학습 습관을 길들이는 것이라고 할 수 있다. 이를 위해서 학생은 처음에는 모방과 암기를 통하여 지식을 습득하기도 하지만, 결국에 가서는 그 스스로 의견을 창출하고 필요한 논리와 지식을 생성해 내는 사고력을 가져야 한다.

유태인들은 학습자들에게 잡은 고기를 주기보다는 스스로 고기를 잡을 수 있도록 가르쳐야 하는 것이 참 교육이고 가르침이라고 한다. 마찬가지로 메타인지 전략은 학생들로 하여금 학교 성적을 높게 받기 위한 문제 푸는 기술과 정답을 내는 요령, 그리고 암기와 같은 맹목적 학습을 요구하지 않는다. 오히려 학습과 관련된 심리적, 환경적 변수들을 충분히 고려하여 스스로 학습할 수 있는 힘을 강하게 배양해 주는 데 있다.

지식을 암기하게 하는 교육은 가장 효율성이 낮은 교육이다. 왜냐하면 지식의 암기는 다른 지식을 생성시킬 가능성을 적게 만들기 때문이다. 교육은 궁극적으로 볼 때 암기하는 것이 아니라 '스스로 지식을 생성하고 창출하는 능력'을 길러주는 것이다.

예컨대 역사에 관한 지식의 암기는 역사에 관한 새로운 지식의 발견에 크게 기여하지 못하지만, 역사를 보는 관점과 사고방식의 습득은 역사와 관련된 사실과 현상의 발견을 촉진 시키게 될 것이다. 이 점은 특히 수학 교육과 관련해서 더욱 명백해진다. 수학 문제를 그냥 외우게 하거나 풀이 방식을 정형화시켜서 단지 기억만 하게 한다면 유사한 문제에는 그런 정형화된 풀이 방식을 그대로 적용할 수 있을지는 모르나 전혀 새로운 문제에 대해서는 외운 풀이 방식이 없기 때문에 무능력하게 될 수밖에 없다. 그러나 수학 원리에 익숙하고, 수학적 사고방식에 친숙한 사람은 그 스스로 풀이 방식을 찾아낼 수 있게 된다.

따라서 메타인지 전략은 학습자들에게 지식을 전달하기보다는 학습하는 방법을 알려주는 것에 초점을 맞추고 있다. 학습하는 방법은 바로 사고력을 높이는 것이라고 할 수 있다. 사고력이란 생각하는 힘을 말하는 데 사고력에는 판단력, 비판력, 추리력, 분석력, 문제해결력, 창의력, 주의력, 암기력이 해당된다. 결국 시험도 사고력을 측정하는 것이라고 할 수 있기 때문에 사고력을 높이는 것은 메타인지 전략 능력을 높이는 지름길이라 할 수 있다.

미국의 교육심리학자 벤저민 블룸(Benjamin S. Bloom)도 지적 능력의 효율성과 복잡성의 순서에 따라 가장 낮은 단계로 지식을 꼽았고, 다음으로는 이해, 적용, 분석, 종합, 평가로 지적 능력을 분류하였다. 그는 지식을 가르치는 것보다는 이해가 더 나은 지적 능력이라고 보았다.

이해보다는 배운 것을 써먹는 적용이, 적용보다는 분석이, 분석보다는 종합이, 종합보다는 평가하는 능력을 더 나은 지식으로 보았다. 따라서 효율성과 복잡성이 가장 높은 지적 능력은 평가 능력이다. 결국 사고의 활성화를 위해서는 지식, 이해, 적용, 분석, 종합, 평가 등의 단계로 발전시켜야 지적 능력이 높아지고 원하는 학습목표에 도달하는 것이라고 볼 수 있다.

이처럼 메타인지 전략에서 지식보다는 사고방식과 사고의 과정이 중시되어야 할 것임은 더 말한 나위가 없다. 사고력을 높이기 위해서는 다른 심리적 특성과 마찬가지로 연습이 필요하다. 사고력을 높이는 방법은 많은 책을 읽는 것이 가장 쉬운 방법이며, 사고력의 각 분야별로 활동지를 풀면서 숙달하는 것도 가능하다.

04. 성취감을 높여준다

학습을 잘하고 못하는 데는 여러 가지 학습 행동에 따른 문제가 영향을 미치고 있다. 우선은 학습하려는 마음가짐을 가져야 한다. 학습하려는 마음가짐을 갖추는 것은 학습자 자신이 자기의 학습 행동(공부)에 대해 어느 정도 자신을 가지고 있어야 한다는 것을 말한다.

이것은 심리학에서 말하는 자기암시와도 비슷한 것으로 학습자 자신이 학습에 대해 '나는 하면 된다.'와 같은 긍정적인 자아를 내세우는 것이 중요하다. 사람은 어떤 일에도 일단 해낼 수 있다는 자신감과 그에 대한 결심을 하게 되면 뜻밖의 위력을 발휘하게 된다. 이렇게 보았을 때 부모는 자녀의 학습지도에 있어서 자신감을 갖게 하고 자기 자신의 시작한 일을 자신의 힘으로 끝내도록 지켜보는 태도가 중요하다. 대개의 학습자들은 나름대로 학업성적이나 흥미에 따라 좋아하는 과목이나 분야가 있게 마련이다.

이때 부모는 학습자가 좋아하는 과목이나 쉽다고 느끼는 학습부터 시작하게 해주어 학습에 재미를 느끼게 해줄 수 있다. 즉, 조그마한 성취감들을 맛보게 하는 요령이 필요하다.

성취감이란 목적(目的)한 바를 이루었을 때의 만족감을 말한다. 성취감을 못 느껴본 학생들은 공부를 해도 행복하지가 않다. 아니 오히려 공부가 지겹다고 느끼게 된다. 학습이 지겹다고 느끼는 이유는 학습하는 진정한 목적은 간과한 채 그저 성적만을 높이기 위해 학습을 하기 때문이다. 수학 공부를 할 때 무조건 공식을 외우거나 반복해서 문제를 풀어서는 실력이 늘지 않는다. 그러나 학습하는 것 자체에 즐거움과 성취감을 갖게 된다면 성적향상은 시간문제다.

학습에 대해서 성취감을 느낀 학생들은 학습이 재미있어지고 학습을 하는 동안 즐겁다. 그러나 성취감을 느껴보지 못한 학생들은 학습을 해도 좋은 것을 모른다. 게임이 중독성을 갖게 하는 중요한 원리가 바로 짧은 시간에 성취감을 지속적으로 느끼게 해주기 때문이다. 따라서 학습에 대한 성취감은 학습을 즐겁게 하고 자신감을 고취시켜, 학습에 대한 의욕을 불러일으키는 효과가 있다. 따라서 학습에 대한 생각을 바꾸어 주기 위해서는 성취감을 느끼게 하여 나도 할 수 있다는 자신감을 키워주어야 한다.

흔히 어느 과목의 점수가 나쁘다고 해서 학교에서 돌아오는 즉시 학습자에게 취약 과목의 학습을 강요한다든지 어느 특정 과목에 대한 학습만을 강요하는 일이 있다. 그러나 이는 자칫하면 학습자의 학습에 실패 경험만을 누적시켜 결과적으로 학습에 대한 부정적인 자아를 심어 주기 쉽다. 학습을 도와주기 위해서는 학습자가 조그마한 것에서부터 성취감을 느낄 수 있도록 지도해야 한다.

메타인지 전략은 학생이 직접 자신의 수준에 맞는 학습계획을 세우고 스스로 평가하고 다음 계획을 세워서 실행하는 과정을 거친다. 이러한 과정을 수행하는 동안 학생은 과정을 거칠 때마다 성취감을 느끼며, 다음 과정에 집중하여 참여하도록 해준다.

05. 학습 습관을 정착시켜 준다

학습 습관은 개인 스스로 정착하기에는 많은 고통이 따른다. 지금까지의 습관을 바꾸어야 하고, 새로운 학습 방법을 익혀서 익숙하게 해나가야 하기 때문이다.

사회가 복잡해짐에 따라 학습의 양은 많아지고, 직업이 다양해진다는 것은 그만큼 학습 습관을 필요하게 한다. 그러나 효율적인 학습 습관을 습득하기 위해서는 학습 습관의 기준을 학생의 주관에 기인하기보다는 정확한 정보와 이해에 기초한 판단이 필요하다. 그리고 학습 방법을 모르는 학생들은 자신에게 맞는 학습 습관을 습득하기 위해서 정확한 정보를 구하거나, 충분한 분석을 하는 것 자체가 쉽지 않다. 결국 부족하거나 잘못된 정보를 가지고 학습 습관을 습득하게 되면 오히려 잘못된 결과를 가져오기 쉽다.

메타인지전략은 학생이 과제해결을 위해 자료를 수집하여 과제해결에 필요한 정보로 가공함으로써 선택 가능한 대안 가운데서 가장 바람직한 학습 습관을 선택하도록 도와준다. 메타인지 전략은 정확한 정보를 제공하고, 학습 습관을 도와주는 역할을 하여 학생이 원하는 목표를 달성하도록 도움을 줄 뿐만이 아니라 학습 습관을 갖도록 해준다.

또한 메타인지전략으로 학습하게 되면 메타인지 전략은 학생 자신의 상황을 정확히 분석하여 과제가 무엇인지, 과제에 대한 분석을 통해 학습전략을 선택하여 학습계획을 수립하고 실행하게 하는 학습 습관을 갖도록 해준다.

06. 학습 효과를 높여준다

학생의 목표는 학업 효과를 높이는 것이 목표이다. 학습효과라는 것은 학습한 만큼 결과가 나타나는 것을 말한다. 그러나 많은 학생은 학습한 만큼 성적이 오르지 않아 좌절하거나 고민하게 된다. 과거에는 이러한 학습효과를 올리는 방법으로 지식을 강제적으로 주입하여 많은 학습을 하도록 하는 것이었다.

이러한 방법은 분명 단기적으로는 학습효과를 올릴 수 있었다. 하지만 장기적으로는 오히려 역효과를 낳아 학습에 대한 부정적인 인식을 높이는 원인이 되고, 나아가 학습이 영원히 싫어지게 되는 현상을 만들었다.

메타인지전략은 학생에게 맞는 학습 방법을 찾아서 학생들이 스스로 학습할 수 있는 능력을 갖게 하고, 습관으로 정착하게 만들어 준다.

자신감은 자기 자신을 믿는 마음이다. 예전이나 지금이나 성공을 위한 첫걸음은 바로 자신감에서 출발하였기 때문에 자기 자신에 대한 믿음이 없다면 할 수 있는 일이 거의 없다. 실제로 학습을 잘하는 학생들은 일반적으로 자신감이 강한 사람들이다. 자신감은 자신에 대한 믿음이기 때문에 자신을 어떻게 보느냐에 따라 자신감의 정도에는 차이가 있다. 학생들은 마음의 거울 속에 비친 자신의 모습이 긍정적일 때에는 스스로에 대한 자신감이 생긴다. 또한 자신감은 주로 가정과 학교에서 다른 사람과의 관계나 경험을 통해서 형성된다.

자신감이 높은 사람일수록 자기 자신에 대해서 긍정적이고, 학습이 가치 있고 보람있는 것이라고 생각하며, 확신을 가지고 행동하게 된다. 반면에 자신감이 낮은 사람은 자기평가에 대해서 회의적이며 자기를 무가치한 인물로 보며 자주 불안을 느끼고, 우울해지며 불행하다고 느껴 학습에 대해서도 회의적이다. 또한 학습에 대해 확신을 느끼지 못하며 행동도 불안정하고 소극적이다. 결국 학습에 자신감이 없어 실패하는 인생을 살게 된다.

메타인지 전략은 학생의 잠재 능력을 활용하도록 하고, 장점을 발견하여 강화하고 북돋아 주는 역할을 함으로써 학생에게 학습에 대한 자신감을 갖게 해준다. 학생이 학습에 대하여 자신감을 가지게 되면 학습에 적극적으로 참여하게 하며, 학습 결과에 긍정적인 영향을 미치며, 학습목표를 달성하는 데 도움을 준다.

제3장
메타인지학습의 적용

01. 학습이란 무엇인가?

인간은 끊임없이 변화하는 세상에서 살고 있다. 그래서 인간은 태어나서부터 변화하는 환경에 직면하고 끊임없이 변화를 계속한다. 따라서 학습은 이러한 변화하는 세상에 대처하는 하나의 방법이라고 할 수 있다.

인간 행동 변화의 대부분은 경험의 결과로서 학습된다고 볼 수 있지만, 신체적인 성장에 따라 변화로 나타나기도 한다. 인간 행동 중에는 학습된 것이 대부분이지만 일부 행동은 반사적이거나 본능적인 것이다. 예를 들어 생명 유지를 위한 호흡은 본능이며, 걸음을 할 때 무릎은 반사적으로 움직인다.

학습(學習)은 사전적 의미로는 배워서 익히는 것을 말하며, 심리학에서는 연습이나 경험의 결과로 생기는 비교적 지속적인 인간의 행동 변화를 말한다. 학습은 성공적이거나 성공적이지 못한 경험의 결과로 일어난다. 예를 들면 학습을 열심히 해서 좋은 성적을 얻고 부모로부터 칭찬받는 성공적인 경험에 의한 학습이며, 거짓말을 해서 부모에게 혼난 성공적이지 못한 경험에 의해 학습이 된다.

학습의 유형은 단순한 학습에서부터, 추상적인 개념의 학습, 과제해결과 같은 복잡한 학습에 이르기까지 일일이 열거할 수 없을 만큼 다양하며, 인간 모두는 끊임없는 학습 과정을 경험하고 있다. 따라서 학습 과정을 이해하는 것은 인간의 행동을 이해하는 데 기초가 된다. 그리고 인간의 행동을 변화시키는 데 관심을 지닌 부모, 교육자, 광고인, 훈련담당자, 기업인, 군인 등 많은 사람은 학습이 이루어지는 과정과 그 기본원리를 이해할 필요가 있다.

학습은 인간의 내부에서 일어나는 과정이므로 직접 관찰할 수는 없기 때문에 학습 결과 나타난 행동에 근거하여 추론되어야 한다. 그렇다고 해서 행동으로 드러나는 변화가 없다고 학습이 안 되었다고 할 수는 없다.

일반적으로 학습이 되면 행동 변화가 있지만, 학습이 되어도 드러나는 행동 변화가 없을 수도 있다. 예를 들어 학생일 때는 좋은 성적을 얻기 위하여 학습의 목표를 가지고 학습해서 시험을 보는 행동 변화가 있지만, 성인이 되면 학습의 목표가 없어지기 때문에 인터넷이나 동영상을 보면서 학습하면 행동 변화를 보이지 않기도 하지만 이것을 학습하지 않은 것이라고 볼 수 없다.

02. 메타인지학습이란 무엇인가?

메타인지학습이란 메타인지학습은 학습 과정에 학습효과를 높이기 위해서 메타인지 전략을 학습 현장에 적용하는 것을 말한다. 쉽게 말하면 학습을 잘하기 위하여 학생 스스로가 아는 것과 모르는 것을 가려낼 줄 알고, 더 나아가 모르는 부분을 어떻게 알아갈지 계획해서 과제를 해결하는 학습 방법이다.

메타인지학습을 학생에게 적용하게 하기 위해서는 먼저 학생에게 메타인지학습 방법과 메타인지 과정에 대해서 자세한 안내를 해야 하며, 수차례에 걸쳐 연습을 해야 한다. 이처럼 학생이 메타인지학습의 개념과 적용 방법을 정확히 알아야 학생은 어떤 과제든 만나게 되면 자동으로 과제를 완벽하게 해결해 나가면서 학습에 도움이 된다.

메타인지학습은 학생으로 하여금 단지 학습 내용을 습득하는 단계에 머무르게 하지 않고 자신의 학습 과정을 총체적인 관점에서 효과적으로 관리해 나갈 수 있도록 도와 학습 능력을 높여 주는 역할을 한다. 따라서 메타인지학습은 학생이 자신의 학습목표를 달성하기 위해 수행 중인 인지 활동을 모니터링하고 통제하여 여러 인지 과정을 조화롭게 한다는 점에서 기존의 학습 방법과 다르다고 평가할 수 있다.

메타인지학습은 주체자인 학생의 주도적인 학습활동이지만, 부모나 교사도 중요한 영향을 미친다. 학생이 학습을 잘하기를 바란다면 부모나 교사가 직접 나서서 학습목표를 정해주고, 목표에 도달하도록 이끌어 주기기보다는 학생 스스로 이해하고 알아가는 과정을 충분히 즐길 수 있게 도와주는 것이 중요하다. 따라서 메타인지학습을 처음 시작할 때는 다른 학습 방법에 비해서 시간이 많이 걸리지만, 메타인지학습이 습관화되면 어떤 과제를 직면했을 때 자동으로 인지과정이 처리되기 때문에 시간이 점점 줄어들게 된다.

〈표 3-1〉 메타인지, 메타인지 능력, 메타인지 전략, 메타인지학습의 개념 비교

구 분	정 의
메타인지	• 자신의 인지과정에 대해 생각하여 자신이 아는 것과 모르는 것을 자각하는 것과 스스로 문제를 찾아내고 해결하며 자신의 학습 과정을 조절할 줄 아는 지능과 관련된 인식을 말한다.
메타인지 능력	• 자신의 메타인지를 조절하는 능력이라고 할 수 있다. • 학생이 학습 장면에서 어떤 과제에 대해서 아는 것과 모르는 것을 구별해서 모르는 지식을 얻기 위해 학습목표를 수립하고. 학습계획을 수립하고 실행해서, 결과와 과정을 평가해서 부족한 부분을 보완할 수 있는 능력을 말한다.
메타인지 전략	• 메타인지 능력을 높이는 방법을 말한다. • 학습자가 학습의 전 과정을 계획하고, 그 계획을 효과적으로 실행하기 위하여 학습의 진행 과정을 점검하고, 평가하고, 수정하는 체계적인 접근방식을 활용하는 전략이다.
메타인지학습	• 학습 과정에 학습효과를 높이기 위해서 메타인지 전략을 학습 현장에 적용하는 것을 말한다.

03. 메타인지학습의 효과적인 시기는?

메타인지학습이 효과적인 시기에 대해서는 일부 학자들은 초등학교 3~4학년 시기에 가장 크게 발달한다고 주장하면서 초등학생 시기에 메타인지 능력을 발달시킬 수 있도록 학습하는 것이 매우 중요하다고 본다. 그러나 실제로 메타인지 능력이 발달하는 특별한 시기가 없으며, 유아기, 초중고등학생, 대학생을 대상으로 메타인지학습을 적용하고 효과를 분석한 연구들을 보면 모든 계층에서 효과가 있는 것으로 나타났다.

메타인지학습이 효과적인 시기를 초등학교로 국한해서 보는 이유는 메타인지를 연구한 플라벨(Flavell)과 피아제(Piaget)가 아동들이 성장하면서 보이는 사고의 형식 또는 능력의 변화에 초점을 맞추어 연구가 진행되어 왔기 때문에 아동을 대상으로 하는 것이 당연하다고 생각하기 때문이다. 또한 사람의 습관은 어릴 때 형성된다는 점에서 아동의 학습전략을 변화시킬 수 있는 매우 좋은 대상으로 생각하기 때문이다.

실제로 대학생과 대학원생을 대상으로 메타인지학습을 적용했을 때 메타인지 수준에 유의한 차이가 있으며, 연령이 높아질수록 메타인지 능력이 높은 것으로 나타난 연구가 있는 것을 보면, 메타인지학습은 성인들에게 적용해도 효과가 있다는 것을 유추할 수 있다. 아직까지 성인을 대상으로 메타인지학습을 적용한 연구가 없기 때문이지 성인을 대상으로 메타인지학습이 효과가 없다고는 할 수 없다. 따라서 메타인지학습은 인간의 발달 단계 중에서 아동기에만 효과가 있는 것이 아니라 전 생애에 걸쳐서 적용할 수 있는 학습전략이라고 할 수 있다.

04. 메타인지학습의 효과

　지금까지 메타인지학습을 학습에 적용한 결과를 분석해보면 메타인지학습은 학생들이 학습에 대한 집중력을 높여 주며, 학습 내용을 더 깊이 이해할 수 있도록 하며, 수동적인 학습자에서 능동적인 학습자로 변화시키며, 수업에 의존하던 학습 습관을 자기 주도적인 학습 습관을 정착하는 데 도움을 주며, 성취 결과를 높이는 데 영향을 주는 것으로 나타났다.

　메타인지 지식이 높은 학습자 집단과 메타인지 지식이 낮은 집단을 비교 분석한 연구를 보면 메타인지 지식이 높은 학습자 집단이 메타인지 지식이 낮은 집단보다 성취도가 높은 결과를 보여 메타인지 지식이 높을수록 더 높은 성취 결과를 나타날 수 있음을 보여준다. 따라서 메타인지학습이 효과를 보기 위해서는 메타인지 지식을 높여야 한다.

　과제의 성격에 따라서 어려운 과제를 해결하는 학습자들과 쉬운 과제를 해결한 학습자들을 비교 분석한 연구를 보면 어려운 과제를 해결한 학습자들이 쉬운 과제를 해결한 학습자들보다 메타인지 능력이 높아지는 것을 밝힌 연구도 있어, 메타인지학습을 높이기 위해서는 되도록 어려운 과제가 좋음을 알 수 있다. 또한 학습자가 자신의 학습 과정이나 과제해결에 메타인지 능력을 사용하여 결과에 대한 평가를 하고, 그 결과를 학습 과정에 적용할 때 학업 성적의 향상된다는 연구 결과들도 있다.

05. 메타인지학습의 적용 단계

메타인지 능력 향상을 위해서는 단계별로 메타인지학습을 적용해야 한다. 단계별로 메타인지학습을 적용하면 학습 과정에서 학생의 인지 활동을 더욱 섬세하게 하며, 고급 사고력을 향상시킬 수 있다. 그리고 학생은 체계적인 학습전략을 수행하는 과정에서 자신의 인지를 통제하고 조절하는 능력을 키워 학습 효과를 높일 수 있다.

메타인지학습을 수업에 적용하는 단계는 과제 분석 단계, 학습활동 설계 단계, 탐색 및 과제해결 단계, 결과토의 및 종합적용, 학습활동 평가 단계, 반영 단계로 적용하는 것이 좋다.

가. 과제 분석 단계

과제 분석 단계에서는 학생들이 주어진 과제에 대해서 알고 있는 과제인지 모르는 과제인지를 분류하게 한다. 아는 과제에 대해서는 알고 있는 지식을 체계화하거나 암기하는 방법을 선택하고, 모르는 과제에 대해서는 어떤 정보를 어떻게 수집할 것인지를 결정하고 학습전략을 찾는다. 그리고 제목과 학습목표를 통해서 학습 내용을 연상해보고, 과제와 관련된 학생의 경험과 관련지어 과제를 인식해 보게 한다.

나. 학습활동 설계 단계

학습활동 설계 단계는 유용한 정보의 수집 방법을 모색하고 과제해결을 위한 최적의 방법을 계획하는 단계이다. 학생들은 과제해결을 위해서 먼저 개인적으로 해결할 것인지 모둠으로 해결할 것인지를 선택해서 모둠별로 해결할 때는 학습 집단을 조직하고, 과제해결을 효과적으로 하기 위한 학습 순서나 학습전략 선택하고, 과제해결을 위해 알고자 하는 지식과 알고 있는 지식 중에서 활용할 지식을 확인하고, 과제를 해결하기 위한 각종 자료를 수집하는 단계이다.

다. 탐색 및 과제해결 단계

탐색 및 과제해결 단계는 학생이 수집한 지식과 각종 자료를 비판적으로 검토하여 과제해결을 위한 정보로 가공하고, 가공된 정보를 바탕으로 과제를 해결한다. 그리고 해결된 결과를 발표물로 작성하는 단계이다.

라. 학습활동 평가 단계

학습활동 평가 단계는 모니터링 단계라고도 하며, 학습 과정을 수시로 점검하여 학습을 관리하는 단계를 말한다.

학습활동 평가 단계에서는 과제를 해결하는 과정이 옳은 것인지 점검하고, 과제를 해결 방법이 잘못되거나 다른 방법이 필요하다고 판단되면 다른 과제해결 방법을 사용한다. 구체적으로는 자신의 학습 과정에 대한 오류를 평가, 학습 결과의 오류 및 정답 검토, 자신의 발표 및 보고서에 대한 반성하는 단계이다. 학습활동 평가에서는 자기평가, 동료들과의 상호평가, 교사 평가가 이루어진다.

마. 반영 단계

반영 단계 학생이 스스로 평가 결과 부족한 부분이나 수정해야 할 부분을 반영하여 다시 과제를 해결하는 단계이다.

〈표 3-2〉 메타인지학습 단계별 적용 방법

학습단계	내용
과제 분석	• 알고 있는 과제인지 모르는 과제인지를 분류 • 제목과 학습목표를 통한 학습 내용 연상 • 과제와 관련된 경험과 관련 지어보기
학습활동 설계	• 학습 집단의 조직 • 과제해결을 위한 학습 순서를 설계 • 과제해결을 위한 학습전략 선택 • 과제해결을 위해 알고자 하는 지식과 알고 있는 지식 중에서 활용할 지식을 확인하기 • 과제를 해결하기 위한 각종 자료 수집

탐색 및 과제
해결
	• 자료의 비판적 검토
	  -자료를 과제해결을 위한 정보로 가공
	  -가공된 정보를 바탕으로 과제해결
	• 결과를 발표물로 작성

학습활동 평가	• 학습 과정에 대한 오류를 평가 • 학습 결과의 오류 및 정답 검토 • 자신의 발표 및 보고서에 대한 반성
반영	• 평가 결과 부족한 부분이나 수정해야 할 부분을 반영

06. 메타인지학습에서 교사의 역할

메타인지학습에서 교사의 역할은 학습 과정을 이끌고, 학생들의 사고를 촉진하는 코치 역할을 수행한다. 교사는 코치로서 발문을 통한 학생의 사고력을 촉진 시키고, 학생 스스로 과제를 해결하도록 도와주어야 한다.

교사는 코치로서 역할을 통해 학생은 자기주도적으로 과제를 해결하는 능력을 갖게 되며, 자신의 인지 활동을 계획하고 점검하며, 조정하고 통제하는 메타인지 능력을 향상시킬 수 있다.

메타인지학습에서 교사의 발문을 통한 메타인지 능력을 향상시키는 방법은 다음과 같다.

가. 과제 분석 단계

과제 분석 단계에서 교사는 메타인지의 구성 요소 중 지식에 관련된 질문을 던짐으로써 적극적인 학습이 일어나도록 동기를 부여한다.

나. 학습활동 설계 단계

학습활동의 설계 단계에서 교사는 학습 순서와 전략에 대하여 적극적으로 대처할 수 있도록 학생의 사고력을 자극하는 질문을 던지고, 과제해결에 도움이 되는 전략에 대한 힌트를 주기도 한다.

다. 탐색 및 과제해결 단계

탐색 및 과제해결 단계에서 교사는 학생 스스로 오류 과정을 찾을 수 있도록 모니터링 활동과 통제 활동에 관련된 질문을 해서 과제해결에 대한 방법을 학생들이 스스로 찾도록 한다.

라. 학습활동 평가 단계

학습활동 평가 단계에서 교사는 학생 자신의 사고 과정에 대한 반성적 점검 활동이 학습에 긍정적 태도를 형성할 수 있고, 사고 전략 사용의 개선에 도움을 준다는 것을 염두에 두는 발문을 한다.

마. 반영 단계

반영 단계에서 교사는 학생 스스로 평가한 결과 부족한 부분이나 수정해야 할 부분을 반영하여 다음 과제 해결 과정을 효과적으로 진행하도록 발문한다.

〈표 3-3〉메타인지 능력을 향상시키는 발문

학습단계	내 용
과제 분석	• 제목을 통해 학습 내용을 연상해 봅시다. • 중요한 학습 과제가 무엇인지 알 수 있나요?
학습활동 설계	• 어떤 순서와 방법을 사용하여 과제를 해결할까요? • 과제해결을 위해 필요한 정보는 무엇입니까? • 자료의 수집 방법은 어떤 것이 있나요?
탐색 및 과제 해결	• 수집한 자료가 과제해결에 충분합니까? • 나와 친구의 생각에서 공통점과 차이점을 무엇입니까? • 자료와 생각을 종합해서 과제해결을 위해 가장 좋은 방법을 제시해 봅시다.

학습활동 평가	• 과제해결 결과물은 학습목표에 타당합니까? • 결론에 논리적 오류는 없는지 다시 생각해 봅시다. 오류가 있다면 어떻게 해야 할까요? • 실생활에 적용할 수 있는 사례를 찾아봅시다. • 내 생각을 다른 사람에게 설명해 봅시다. • 여러분이 선택한 학습 과제해결 과정은 적절했습니까?
반영	• 이번 학습활동에서는 부족했거나 아쉬웠던 점은 무엇이 있나요? • 이번 학습활동에서는 수정하고 싶은 것은 무엇인가요? • 다음 학습활동에서는 이번보다 효과적으로 과제를 해결하기 위해서는 어떻게 하는 것이 좋나요?

07. 메타인지학습에서 학생의 역할

메타인지학습을 적용할 때 학생들을 자기주도적으로 과제를 해결하기 위해서는 자신에게 다음과 같은 질문을 하도록 한다.

〈표 3-4〉 메타인지학습을 적용한 수업에서 학생의 자기 질문

학습 과정	내 용
과제 분석	• 과제는 무엇을 말하고 있는가? • 알고 있는 것은 무엇인가? • 알려고 하는 것은 무엇인가?
학습활동 설계	• 과제해결을 위해 어떤 방법을 사용해야 하는가? • 과제해결을 위해 필요한 정보는 무엇인가? • 필요한 정보를 어디에서 어떻게 얻어야 하는가?
탐색 및 과제 해결	• 자료가 주는 의미는 무엇인가? • 자료는 과제해결에 적절하고 충분한가? • 충분하지 못하면 원인은 무엇인가? • 내 생각과 친구의 생각에서 공통점과 차이점은 무엇인가? • 과제해결을 위한 최적의 방안은 무엇인가?
학습활동 평가	• 종합된 의견은 학습 주제에 맞으며 타당한가? • 결론에는 잘못된 점(오류)은 없는가? • 생활에 적용할 수 있는 사례가 있는가?
반영	• 나의 사고과정을 다른 친구에게 설명할 수 있는가? • 내가 사용한 학습과제해결 방법 및 과정은 적절했는가?

08. 메타인지학습의 효과를 높이는 교수법

교실 수업에서 메타인지학습의 효과를 높이는 교수법은 다음과 같다.

가. 사례 제시

학생들이 과제를 해결하는 과정을 힘들어하거나, 과제해결 시간이 많이 걸리면 교사는 결과를 알려주기보다는 비슷한 사례를 제시해주어 학생들의 과제를 해결하려는 의욕을 갖게 해준다. 답을 알려주면 학생들의 사고 과정이 더 이상 이루어지지 않으나, 과제를 해결했던 비슷한 사례들을 제시해주면 학생들은 과제를 해결하기 위하여 사고가 활발해진다. 또한 사례를 통해서 다른 사람의 과제해결 방식을 분석해보는 것이 바람직하다.

나. 모델링

교사가 학생들에게 과제의 풀이를 제시할 때, 과제 풀이 과정 없이 정답만을 쉽게 표현하는 것이 보통이다. 이러한 교수법은 과제해결 과정들이 알지 못함으로 인해서 학습에 대한 흥미를 잃게 하는 역할을 한다.

따라서 과제를 해결할 때 과정을 자세하게 안내하여, 학생들이 다른 과제를 해결할 때 교사처럼 해결 과정이 중요하다는 것을 알게 하는 것은 매우 중요하다. 이처럼 과제해결 과정을 보여줌으로써 학생들이 따라 하게 하는 것을 모델링이라고 한다.

모델링은 교사가 과제의 완성된 해답을 제시하는 대신 출발점에서부터 과제 풀이 전 과정을 상세히 살펴보면서 메타인지적 행동을 보여주는 것을 말한다. 이러한 모델링의 장점은 학생들에게 메타인지의 중요성을 강조하는 역할을 한다.

다. 사고 자극

교실 수업에서 과제를 해결할 때 교사는 자신의 지식에 근거해서 학생들에게 빠르게 정답을 제시해선 안 된다. 교사는 학생들이 스스로 과제의 해결책을 찾고 그것을 발견하도록 해야 한다. 또한 과제에 대한 학생들의 과제해결 결과를 평가하기보다는 과제해결 과정을 중요시해야 한다.

라. 과제해결 촉진

수업 중 교사의 역할은 학생들에게 다양한 과제해결의 기법을 제공하고, 과제해결을 효과적으로 하도록 지도하는 것이다. 따라서 과제해결을 촉진하기 위해서 수업 중에 학생들이 자신에게 다음과 같은 질문을 스스로 던지도록 해야 한다.

예

- 내가 지금 무엇을 하고 있나?
- 과제해결 방법을 정확히 알고 있는가?
- 왜 이러한 과제해결 방법을 선택했는가?
- 내가 선택한 과제해결 방법이 답을 구하는 데 과연 적합한가?
- 과제를 해결하고 다음은 어떻게 해야 하는가?
- 과제를 해결하고 결론을 어떻게 맺어야 하는가?

09. 메타인지학습과 자기주도학습과의 관계

메타인지학습과 자기주도학습은 비슷한 부분이 많다. 특히 지향하는 목표와 학습의 과정, 학습전략들이 비슷하거나 같기 때문에 메타인지학습을 자기주도학습과 같은 것으로 생각하는 사람들도 있다. 따라서 자기주도학습에 대해서도 이해가 필요하다.

자기주도학습(Self-directed learning)과 유사한 용어들을 살펴보면, 자기교육(Self-education), 자기교수(Self-Teaching), 탐구학습(Inquiry method), 자기 계획적인 학습(Self-Planned Learning), 자기학습(Self-Learning), 자습(Self-Study), 자기숙달(Self-Mastery), 자율학습(Autonomous-Learning), 개별학습(Individual Learning), 독학(Independent learning), 자력학습(Independent Learning), 개인학습(Individual study) 등을 들 수 있다. 이러한 용어 중에서 가장 일관되게 써 온 용어는 자기주도학습(Self-directed learning) 이다.

가. 정의

원래 자기주도학습이란 단어는 소크라테스, 플라톤 시대부터 개인 학생이 자주적으로 행하는 학습활동으로 오래전부터 '자습(self study)'이란 이름으로 알려졌으나 이후부터 하나씩 학자들에 의해서 새롭게 정의되고 있다. 따라서 자기주도학습의 개념은 학자들마다 약간의 차이가 있다. 자기주도학습의 개념 정의는 학습 과정, 학습 방법, 학생의 역할, 교육 프로그램의 차이에 따라 학자들마다 다양하게 제안되고 있다.

자기주도학습 개념은 1961년 시카고 대학의 호울(Houle) 교수가 '탐구심(The Inquiring Mind)'이라는 책자를 출간하면서 자기주도학습이라는 용어를 사용하였으며, 이어서 호울 교수의 제자였던 캐나다의 터프(Tough; 1967)는 자기주도학습을 "개인이 스스로 학습 과제를 계획하고, 착수하고, 실행하는 책임을 떠맡는 특정 학습에 관한 개인적인 시도"라고 정의하였다. 즉, 터프는 자기주도학습에 대하여 학생들이 어떤 특정한 지식과 기술을 배우려는 계획적이고도 개인적인 시도로 정의함으로써 학습활동의 기술적인 측면을 강조하려 했다.

이후 노울즈(Malcolm S. Knowles; 1975)는 성인들이 학습하는데 자기주도학습이 중요하다고 보아 이를 체계적으로 정리하여 제시하였다. 그는 자기주도학습을 "개인이 스스로 자신의 학습 욕구를 진단하고 학습목표를 설정하고 학습에 필요한 인적 물적자원을 탐색하고 적절한 학습전략을 선택·시행하고 학습 결과를 평가하는 과정"으로 정의하였다. 즉, 전체적인 학습 과정을 학생이 타인의 도움 없이 자기 스스로 주도적으로 학습목표를 설정하고, 효율적인 학습전략을 사용하며, 학습 결과를 스스로 평가하는 일련의 과정이라고 본 것이다. 이 정의에 따르면 자기주도학습은 학습 내용보다 학습 방법에 초점을 두고 있다.

노울즈의 이론은 점차 체계화되어 학생 교육(pedagogy)과 대별되는 성인 교육(andragogy)에서 성인들이 자신의 과제나 삶에서 생기는 문제를 해결해 가는 과정을 이해하는 데 대표적 개념으로 널리 보급되었다.

지금까지 거론된 정의들을 종합해보면 자기주도학습이란 스스로 학습동기를 가지고, 학습목표를 세우고, 그에 필요한 학습전략을 선택하고 학습자원들을 활용하여 학습한 후 학습 결과를 평가하는 과정이라고 할 수 있다. 결과적으로 자기주도학습은 다른 학습 방법과 비교할 때 학생의 학습동기, 학습목표, 학습전략, 학습자원, 학습평가에 얼마나 자율적으로 참여하느냐에 따라 자기주도학습에 대한 성패가 결정된다고 할 수 있다.

나. 특징

노울즈의 자기주도학습에 대한 정의로 인해서 이전까지 학생은 교사의 가르침에 의존해서 학습해 가는 사람이라고 생각했지만, 학생의 자기 주도성을 높여갈 수 있는 사람으로 인정받는 계기가 되었다. 또한 이전까지는 학생의 선행 경험을 중요하게 생각하지 않고 교사의 교육 내용이 더 중요한 학습자원으로 인정받았으나 자기주도학습에서는 학생의 경험은 학습에 활용되어야 할 중요한 학습자원으로 생각하게 되었다.

자기주도학습은 인류 역사의 시작부터 있었던 것으로 새삼스러운 것이 아니다. 다만 시대적인 변화에 따라 평생교육적 차원에서 활용되던 자기주도학습의 개념이 학생들에게 적용되면서 점차 발전되어 가는 개념이라고 할 수 있다.

다. 구성 요소

자기주도학습의 개념을 보면 자기주도학습은 기본적으로 학생 스스로가 ① 학습동기유발 ② 학습목표 설정 ③ 학습 방법 선택 ④ 학습자원 관리 ⑤ 학습 결과 평가 등의 일정한 과정을 거치는 것이라는 것을 알 수 있다. 따라서 자기주도학습이 효과적인 학습법이 되기 위해서는 구성 요소의 순서에 맞게 진행해야 한다.

물론 학생의 수준이나 체질에 따라서 선별적으로 적용될 수도 있지만 자기주도학습이 진정한 가치를 발휘하기 위해서는 다음의 순서대로 진행되어야 한다. 더욱이 메타인지 전략가 직접 지도하는 메타인지전략이 기대하는 효과를 거두려면 최소한 학생들에게는 다음과 같은 전제 조건을 충족해야 한다.

[그림-Ⅰ-1] 자기주도학습의 구성 요소

1) 학습동기

자기주도학습에서 가장 중요한 것은 바로 학습동기이다. 학습동기는 학습하고 싶은 욕구를 말한다. 옛말에 '평양감사도 자기가 싫으면 못하는 것'이라는 말이 있다. 아무리 좋은 것도 자기가 하고 싶은 마음을 가져야 한다는 것이다. 학습은 학습을 하고 싶다는 마음을 가져야 할 수 있으며, 학습에 대한 욕구가 생기지 않고는 절대적으로 잘할 수 없다. 학습은 하고 싶어서 해도 힘든 것이기 때문에 억지로 한다고 해서 할 수 있는 것이 아니기 때문이다. 따라서 학습하고 싶다는 마음이 생기면 자기주도학습 습관을 만드는 데 50%는 성공한 셈이다.

학습 욕구를 갖게 하는 동기유발은 일단 학습 분위기를 띄우고, 학습에 관심을 갖게 하고, 할 수 있겠다는 자신감을 갖게 한다. 또한 동기유발은 학습 의욕을 불러일으켜 학습활동의 효과를 높이고, 지속적인 습관으로 정착하게 해준다.

일반적으로 학습동기 유발에 가장 큰 영향을 미치는 것은 학생의 꿈과 목표, 자신감, 자아 효능감, 자아 성취감, 주의 집중력, 학습에 대한 개념 파악,

학습에 대한 긍정적 생각 등이다. 학습동기가 유발되어 있지 않으면 스스로 학습을 계획하고 실행에 옮길 것을 기대할 수 없고, 자기주도학습 습관이 형성될 가능성은 매우 희박하다. 따라서 자기주도학습 습관을 정착시키기 위해서 가장 중요한 것은 학습에 대한 동기유발을 가장 먼저 해야 할 일이다.

2) 학습목표

자기주도학습이 다른 학습법과의 가장 큰 차이는, 다른 학습법은 대부분 국가 수준의 교육과정과 교사에 의해서 학습목표를 세우지만, 자기주도학습은 학생 스스로가 학습목표를 설정한다는 데 있다. 학습목표는 자신이 주어진 시간 동안 도달해야 할 학습목표를 말한다. 학습목표를 정확히 세우는 것은 목적지가 있는 배를 탄 것과 같아서 원하는 시간에 원하는 목적지에 도착할 수 있지만, 학습목표를 정확히 세우지 않으면 목적지 없는 배를 탄 것과 같다. 목적지가 없는 배를 타면 원하는 목적지에 정해진 시간 내에 도착할 수 없으며, 심지어는 제자리로 돌아오거나 바다에서 표류할 수 있다. 따라서 학습목표를 정확히 세운다는 것은 자기주도학습의 성공과 실패를 결정하게 된다.

정확한 학습목표의 설정은 자신에게 최소의 비용으로 최대의 효과를 보는 학습전략을 선택하게 하고 그에 맞는 노력을 하게 하는 데 중요한 기준이 된다. 학습목표 설정은 학생의 능력에 따라 설정해야 하며, 이를 수행하는 절차나 과정도 학생의 수준이나 능력에 맞게끔 이루어져야 한다.

학습목표를 정확하게 세우기 위해서는 우선 학생 자신의 상황에 대한 정확한 인식을 바탕으로 자신의 능력이나 수준을 고려하는 것이 중요하다. 아무리 좋은 학습목표라고 해도 자신의 수준이나 능력을 무시하면 결국 학습목표에 도달하지 못하기 때문이다. 학생이 스스로 학습목표를 세우지 못할 때는 교사가 학생의 능력과 수준에 맞는 학습목표를 세울 수 있도록 도와줘야 한다.

학습목표는 자신이 세운 학습목표대로 학습을 실시한 후에 그에 대한 평가를 통하여 다음 학습에 반영할수록 자신에게 맞는 학습목표를 세우는 능력이 생긴다. 학습을 수행한 후 평가결과 효과가 있는 학습목표는 살리고, 잘못 세운 학습목표에 대해서는 수정하는 절차를 거치기에 학습목표는 마치 어두운 밤길을 밝히는 손전등과 같이 학습의 방향을 결정한다.

3) 학습전략

게임이나 스포츠를 잘하거나 즐기려면 규칙을 제대로 알아야 한다. 학습을 잘하기 위해서도 필요한 것이 바로 학습의 규칙인 학습 방법 즉, 공부 방법이다. 학습전략을 모르고 하는 학습은 규칙을 모르고 참여하는 게임이나 스포츠와 다를 바가 없다. 게임이나 스포츠에서 규칙을 모르고 참여하면 실격당하거나 승리하지 못하듯이 학습전략을 모르고 하는 학습은 잘할 수도 없을뿐더러, 아무리 잘 세운 학습목표라도 도달할 수 없게 된다는 것이다.

교사나 부모 중에서는 학습은 무조건 열심히 노력하면 되는 것이지 특별한 방법이 없다는 편견을 가진 사람이 많다. 그래서 지식의 전달과 습득에만 관심을 갖고 있지 학습전략을 알려주는 교사나 부모는 많지 않다. 이로 인해서 학생들은 학습의 목적이 무엇인지, 학습하는 방법을 제대로 알지도 못하고 학습을 하게 된다.

학습전략에 대한 존재나 중요성을 모르는 교사나 부모에게 지도받는 학생들은 학습전략이 무엇인지, 또한 어떻게 학습해야 효과적인지를 알 수가 없다. 학습전략을 가르쳐주지 않고 무조건 학습하라고 내몬다면 군대에 갓 입대한 군인들에게 총을 쏘는 방법을 알려주지 않은 채 무조건 총을 주고 전쟁터로 보내는 것과 다를 바가 없다. 총은 가지고 있지만 총을 쏠 줄 모르는 병사는 전쟁이 두려울 것이다. 마찬가지로 학습전략도 제대로 알려주지 않고 오직 학습만 하라고 한다면 오히려 학생은 학습에 대한 반감과 스트레스가 생겨 학습에 대한 부정적인 의식만 심을 뿐이다.

학습전략에 대한 관심이 높아짐에 따라 지금까지 밝혀진 학습 방법은 수없이 많다. 전뇌학습법, 마인드맵 학습법, 속독 학습법, 체질별 학습법, 혈액형별 학습법, NIE 학습법 등 수도 없이 많은 학습 방법들이 유행처럼 나타났다가 사라져 가기도 한다.

이러한 학습전략의 특징들을 보면 학습 내용을 기술적으로 암기하는 방법에 비중을 두고 있다. 어느 날 매스컴에서 어떤 학습법이 효과가 있다고만 하면 유행처럼 번졌다가, 실행해보니 효과가 없어서 포기하는 경우도 많다. 다양한 학습법들에 의해서 부모들은 선택에 오히려 혼란을 겪고 있다. 결국 학습전략은 누구나에게 맞는 왕도는 없다는 것이다.

학습전략은 기술적인 방법을 알려주기보다는 학습의 원리를 알려주는 것이 중요하다. 예를 들면 학습전략은 기초학습 능력인 읽기·쓰기·셈하기·말하기의 원리, 예습과 복습 방법, 교과서 읽는 방법, 노트 필기하는 방법, 수업 듣는 방법, 암기 방법, 시험 보는 방법 등이라고 할 수 있다.

학습전략은 잘 알고 있지만 성적이 잘 오르지 않는 경우는 자기가 알고 있는 학습전략이 자신의 체질과 능력에 맞지 않기 때문이다. 아무리 좋은 옷이 있더라도 자기 몸에 맞아야 하듯이 효과적인 학습전략도 학생에게 맞아야 한다. 학생은 흥미·취미·사회적 경험·사회경제적 배경 등이 서로 다를 수밖에 없기 때문에 학생들의 학습에 대한 요구나 형태도 다양하다. 따라서 학습전략은 이와 같은 다양한 학생의 요구나 형태에 따라 서로 다른 방법으로 적절하게 활용되어야만 효과가 있다.

4) 학습자원

학습에 영향을 미치는 것은 학습전략만이 아니라 학습에 영향을 주는 주변의 학습자원도 긍정적으로 작용해야 한다. 학습자원이란 학습에 영향을 주는 학생을 둘러싸고 학습에 영향을 주는 자원으로 크게 인적자원과 물적자원이 있다.

인적자원에는 부모, 교사, 친구, 학원 강사가 있으며, 물적자원은 공부방, 교실, 책상, 의자, 교재, 참고서, 문제집, 컴퓨터, 스마트폰, 시간, 스트레스, 학원, 인터넷 강의 등이 있다.

학생들이 아무리 학습동기를 가지고 학습목표를 세우고, 학습전략을 알고 적용하려고 하더라도 주변에 있는 학습자원들이 효율적으로 관리되지 못하면 좋은 결과를 얻기 어렵다. 예를 들면 학생이 방에서 공부하고 있는데 밖에서 소음이 심하다면 학습에 전념하기 어렵게 된다. 마찬가지로 학습자원들이 학생들이 학습할 수 있는 분위기를 만들어 준다면, 학습에 도움이 되겠지만, 학습자원이 학습에 대하여 방해 요소가 된다면 오히려 학습을 방해하게 된다.

공부를 잘하는 학생들의 특징이 자신을 둘러싼 다양한 학습자원들을 효율적으로 관리한다는 것이다. 그러나 공부를 못하는 학생이나 공부를 해도 성적이 오르지 않는 학생을 보면 상당 부분 학습자원 관리를 못했기 때문이다. 처음으로 공부를 시작하는 학생들이나, 학습 습관이 제대로 형성되어 있지 않은 학생들이 스스로 학습자원을 관리하는 것은 쉽지 않다. 학습자원은 상당히 다양할 뿐만 아니라, 학습전략과 마찬가지로 학생들의 체질과 능력이 다양하기 때문이다. 따라서 학습자원을 어떻게 관리하는지를 모르는 학생을 위해서는 주변에서 학습자원을 관리해줘야 한다.

5) 학습 결과 평가

자기주도학습이 습관으로 정착하기 위해서 꼭 필요한 것이 바로 학습 결과 평가이다. 자기주도학습의 전 과정은 학생 스스로 계획을 세워 진행하였듯이 학습 결과에 대한 평가도 학생이 하고 그 결과에 대한 책임을 지는 것이 특징이라고 할 수 있다.

학습 결과 평가는 학생이 학습을 마친 후 스스로 세운 학습목표에 얼마나 도달했는지, 학습 방법은 적절했는지, 학습자원의 관리는 제대로 되었는지를 평가하는 것이다. 예를 들면 학습 결과 평가는 단지 학습 결과에 대한 성취도 평가로서만 끝을 맺는 것이 아니라 평가 결과를 가지고 학습 욕구를 다시 진단하는 척도로 사용하고, 학습목표를 구체적이고 효과적으로 세우도록 도와주는 자료로 활용하고, 적절한 학습전략을 선택하는 데 기준이 되고, 학습 자원을 효율적으로 관리하는 데 도움을 준다.

학생은 학습 결과 평가를 통해 학습목표에 도달했다면 학습에 대한 자신 감을 가지고 습관으로 형성되어 간다. 뿐만 아니라 자신에게 맞는 학습전력 과 학습자원을 효율적으로 관리할 수 있는 능력을 준다. 이러한 학습 결과에 대한 평가는 학력 향상에만 도움이 되는 것이 아니라 자신의 성취도를 높여 자아실현의 기쁨을 주어 인내력을 향상시켜 준다.

나아가 자아 효능감이 발달하여 자신의 잠재 능력을 발견하는 계기를 맞게 된다. 이로 인해 이전까지 몰랐던 학습의 재미까지 느낄 수 있으며 자기주 도적인 삶을 사는 데 지대한 영향을 끼친다. 결국 자기주도학습은 오직 성적 을 높이는 학습 방법만이 아니라 다양한 효과를 가져오는 학습 방법으로서의 가치가 있다.

제4장
메타인지 수준에 따른
교수·학습모형

01. 교수·학습모형이란 무엇인가?

교수·학습모형이란 학생들의 학습 촉진을 목적으로 이론 단순화하여 어떤 과목을 학습하기 위한 수업 방법을 기술하고, 학생의 학습활동을 선택하고 구성하는 틀을 말한다. 즉, 교수·학습모형에서 교수는 교사 입장에서 수업을 어떻게 가르칠 것인지의 계획을 말하며, 학습은 학생 입장에서 수업에서 어떻게 학습해야 하는 가를 말한다.

교수·학습모형은 다른 말로 교수설계모형, 수업 설계모형은 모두 같은 뜻으로 쓰인다. 뜻이 조금씩 차이는 있지만 결과적으로 모두 같은 말이다. 예를 들어 교수설계모형에서 설계는 수업을 어떻게 진행할지를 미리 기획하는 것을 말하기 때문에 교수설계모형은 수업을 어떻게 진행할지를 미리 기획하는 틀로 인식하면 좋다. 3가지 용어 중에서 교수학습모형은 교수학습 과정의 가장 넓은 수준을 표현하고, 교수학습의 철학적인 방향을 제시하기 때문에 일반적으로 가장 많이 사용한다.

수업이란 학생들의 학습 촉진을 목적으로 하는 학습목표에 도달해야 하는 활동이기 때문에, 효과와 능률을 높이기 위하여 일정한 계획 하에 통합적이고 체계적인 접근방법이 필요하다. 교수·학습모형은 이러한 목적을 달성하기 위해서 이론적인 바탕을 가지고 효과적인 수업을 진행하기 위하여 체계적인 접근방법을 제시한 것이다.

교수·학습모형은 교육 철학적인 배경을 가지고 만든 것이기 때문에 나름대로 교육 효과를 내는 모형은 약 30가지가 넘는다. 교수·학습모형은 모든 수업에서 만병통치약처럼 적용하는 완벽한 교수·학습모형은 존재하지 않으며, 학생의 수준과 학습목표와 수업의 목적에 따라 교수·학습모형은 다르게 적용해야 한다. 따라서 교사는 학생의 수준과 학습목표와 수업의 목적에 따라서 적절한 교수·학습모형을 선택하여 수업하여야 효과를 볼 수 있다.

　여기서는 학생들의 메타인지 수준에 따라서 교육 현장에서 수업에 적용할 수 있는 교수·학습모형을 제시하고자 한다.

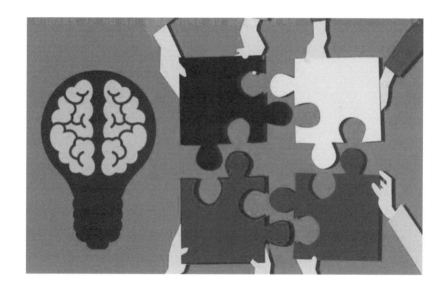

02. 완전학습모형

완전학습모형(Mastery earning)은 1968년 미국의 교육심리학자 벤자민 블룸(Bloom)에 의해 처음 제안된 학생 지도 방안이다. 완전학습모형은 학급 내의 약 95%의 학생이 주어진 학습 과제의 약 90% 이상을 완전히 학습해 내도록 하는 학습을 말한다.

완전학습은 학생들이 차시 학습으로 넘어가기 이전에 형성평가에서 90%에 도달하게 해야 한다. 학생이 형성평가에서 성취하지 못하면 부족한 학습을 추가로 해야 하고 테스트를 다시 받아야 한다. 이런 순환은 학생이 목표 수준에 도달할 때까지 이어져야만 다음 단계로 진행할 수 있다.

따라서 완전학습모형은 메타인지 지식과 경험이 부족한 학생들에게 어울리는 교수·학습모형이다.

가. 가정

완전학습모형 동일한 대상을 학습하고 동일한 수준의 성취도에 도달하기 위해서 학생의 수준에 맞게 요구되는 시간의 차이가 있다고 가정하고 있다. 학생의 학습 정도는 학습에 사용된 시간에 비례하고, 학습에 필요한 시간에 반비례 한다. 완전학습모형에서는 학생의 학습의 정도는 다음과 같은 공식으로 구한다.

$$\text{학습의 정도} = \frac{\text{학습에 사용된 시간}}{\text{학습에 필요한 시간}}$$

완전학습모형은 모든 학생들이 동일한 대상을 학습하기 위해 거의 동일한 시간이 주어지는 고전학습이론에 비하여 학생 수준에 맞는 차별적인 시간을 제공해 주는 것이 특징이다. 그리고 학생의 학업 성취도에 도달하지 못하는 것을 학생 탓으로만 하지 않는다는 점에서 기존 이론에 비하여 완화된모형이라고 할 수 있다.

완전학습과 관련한 몇 가지 가정은 다음과 같다.

① 학습에 사용된 시간을 결정하는 요소는 과제를 완전학습을 하는 데 소요되는 시간, 수업 이해력, 수업의 질이고 필요 시간을 결정하는 요소는 지구력과 학습 기회이다.

② 완전학습이 일어나기 위해서는 필요 시간을 감소시키고 사용 시간을 연장하여야 한다. 필요 시간을 감소하기 위해서는 학습 적성의 계획적인 계발과 수업의 질적 개선, 수업 이해력의 향상이 선행되어야 하며, 사용 시간을 늘리기 위해서는 학습 지속력을 증가시키고 학습에 허용된 시간을 효율적으로 사용하여야 한다.

③ 수업 이해력은 학생이 수업 내용을 이해하는 능력으로 일반 지능과 언어 능력이 포함된다.

④ 수업의 질을 높이기 위해서는 교사가 학습 과제를 어떻게 효과적으로 조직하여 학생들에게 제시하여야 하며, 학습의 목표와 방법을 학생이 이해할 수 있도록 명백히 설명하고, 학습 과제의 각 단계를 명확한 계열에 따라 조직하며, 개별화 수업을 해야 한다.

⑤ 학습 기회는 어떤 과제를 학습할 때 학생에게 실제로 주어지는 시간으로 투입된 시간의 양보다는 그 시간을 얼마나 유효적절하게 활용했느냐가 중요하다.

⑥ 지구력은 학생이 학습을 위하여 사용하기를 원하는 노력과 시간을 말하며, 지구력을 증가시키기보다는 지구력의 절대량을 줄이는 것이 효과적

이다. 이를 위해 개인차에 맞게 학습 자료를 조절하고 학생 특성에 맞는 개별 지도, 피드백의 적절한 활용, 교수의 질 개선 등이 필요하다.

나. 수업 절차

블룸(Bloom)에 의한 완전학습모형에 적용하는 절차는 다음과 같다.

1) 1단계, 2단계

수업 전에 먼저 학습 결손을 진단하여 중요한 학습 결함이 발견되면 그 결함을 제거하기 위한 적절한 학습 기회를 제공해야 한다. 이를 위해 자율적인 가정 학습을 택하는 것이 좋다.

2) 3단계

수업 전에 수업목표를 명료화해서 무엇을 어떻게 가르칠지를 계획한다.

3) 4단계, 5단계

학습 기회를 제공하여 밀도 있게 지도하며, 연습, 실험, 실습, 여러 가지 자료 제공 등 보조 활동이 이루어진다.

4) 6단계, 7단계, 8단계

교과 학습 단위별로 개개인의 학습활동이 학습목표를 달성했는지 확인하고 학생에게 학습의 진전에 관한 정보를 제공해 준다. 이때 심화 학습과 보충 학습을 할 수 있는 데 과외 보충 수업이나 적절한 프로그램을 통한 자율적인 가정 학습을 실시할 수도 있다.

5) 9단계

소집단학습을 통해서 자율적, 협력 학습의 기회를 제공한다.

6) 10단계

총괄 평가를 통하여 학생들이 최종 성취도에 도달했는지를 점검한다.

다. 유의점

다른 교수·학습모형은 본 수업에 관심을 갖고 있는 반면에 완전학습모형은 수업 전 단계와 수업 후 단계가 동시에 강조된다. 그리고 수업을 진행하는 절차에 대해서는 이 모형이 제시하지 않고 있다. 그러므로 완전학습모형을 적용하기 위해서는 수업 목표를 달성하기 위해 여러 가지 자료의 준비 및 제시 방법, 수업 진행 절차 등에 대해 사전 준비를 철저히 해야만 효과가 있다.

또한, 수업 목표가 평균 정도의 학생이 단위 수업 시간과 같이 비교적 짧은 기간에 완성할 수 있기 때문에 목표의 달성과 평가가 쉬운 반면에 고차적인 사고를 목표로 하는 수업에서는 이 모형이 적절하지 않을 수 있다. 즉, 감상하고 이해하는 것을 목표로 하는 수업, 단순 계산 기능이 아닌 고등 수학적 사고를 요구하는 수학 수업 등에서는 다른 모형을 고려해야 할 것이다.

03. 개념학습모형

인지심리학의 대표적인 교수·학습모형이 개념학습모형이다. 개념은 관찰한 것을 어떤 기준에 따라 비슷한 것끼리 분류하고 거기에 이름을 붙인 추상적인 용어로 정의할 수 있다. 인지심리학은 자극-반응의 행동주의가 지배적이었던 상황에서 인간의 고차적인 내적 심리 과정에 대해 관심을 가지고 태동하였다. 인지심리학의 주된 접근방식은 인간의 마음을 컴퓨터의 연산 작용에 유추하여 이해하려는 정보처리모형에 기초하고 있다.

개념학습은 개념이 사물을 구체적으로 이해할 때 보다 훨씬 더 많은 분량을 이해할 수 있을 뿐 아니라 추상적 사고를 가능하게 하여 암기와 이해라는 낮은 차원의 사고로부터 가설설정, 분류, 비판적 사고, 창조적 사고, 의사결정 등 고급사고력을 발달시킬 수 있다.

개념학습모형은 메타인지 지식이나 경험이 거의 없는 학생에게 매우 생경한 개념이나 어려운 개념을 가르칠 때 효과가 있는 것으로 알려져 있다.

가. 성격

개념학습을 지도하기 위해서는 개념의 여러 가지 성격을 이해하는 것이 필요하다.

1) 개념의 추상성과 원형

개념은 추상적인 것이지 구체적으로 존재하는 사물을 가르키는 것이 아니다. 따라서 실재 존재하지 않은 것도 개념이 될 수 있다. 또한 개념을 가지고 세상 만물을 분류하는 데 이때 기준이 되는 대표적인 개념을 원형이라고 한다. 예를 들어 동전의 원형은 동그랗게 생겼기 때문에 동전이라고 하면 동그랗다는 개념을 가지게 된다.

2) 속성, 결정적 속성, 비결정적 속성

사물을 분류하는 기준이 되는 특징을 속성이라고 한다. 이때 다른 개념과 구별되는 가장 중요한 속성을 결정적 속성이라 하고, 덜 중요한 속성을 비결정적 속성이라고 한다. 예를 들어 남녀를 구별할 때 신체적 차이가 결정적 속성이라면 역할이나 성격은 비결정적 속성이라고 할 수 있다.

3) 오개념과 상투 개념

오개념은 개념의 속성을 잘못 이해한 경우이고, 상투 개념은 비결정적 속성을 결정적 속성으로 잘못 생각하고 개념을 구성한 경우이다.

4) 구체적 개념과 추상적 개념

개념이 기본적으로 추상적 언어로 만들어진 것이기 때문에 구체적 개념도 실물 그 자체는 아니지만 개, 사람, 가족 등과 같은 것은 구체적 개념이고, 국가, 주권 등과 같은 것은 추상적 개념이다.

5) 상위개념, 동위개념, 하위개념

개념이 포괄하는 정도가 높은 것은 상위개념이라 하며, 그 정도가 동일한 것은 동위개념이라 하고, 낮은 것은 하위개념이라고 한다. 예를 들어 동물은 사람보다 상위개념이고, 사람은 동물보다 하위개념이며, 만자와 여자는 사람의 하위에 존재하는 동위개념이다.

6) 접합개념, 이접개념, 관계개념

교육, 수입, 직업 등 몇 개의 특징이 모여서 구성되는 것을 접합개념이라 하고, 출생, 혈연, 귀화, 결혼 중 어느 하나에 의해 결정되는 국민처럼 각각 독립적으로 또는 대안적으로 성립되는 것을 이접개념이라 하고, 평화, 정의 등과 같이 고정된 속성보다는 상황과 맥락에 의해 형성되는 것을 관계개념이라고 한다.

나. 수업 절차

개념학습모형은 다음과 같은 절차로 진행한다.

1) 속성모형

속성모형은 간단한 개념들은 번거롭게 예를 들거나 상황을 주는 것보다는 간단한 속성의 진술로 충분히 개념을 이해시키는 모형을 말한다.

① 문제 제기 : 수업목표와 배울 개념에 대한 안내를 한다.
② 속성제시와 정의 : 학생이 배울 개념을 정의한다.
③ 결정적 속성과 비결정적 속성 검토 : 배울 개념의 결정적 속성과 비결정적 속성을 제시한다.
④ 예와 비예의 검토 : 배울 개념의 속성에 맞는 예와 예가 아닌 것을 제시한다.
⑤ 가설 검증 : 새로운 대상에 이 속성이 잘 적용되는지 시험한다. 즉, 배운 개념을 다른 상황에 적응해 본다.
⑥ 개념의 형태, 종류, 관계 등 개념분석 : 배운 개념을 토대로 관련 개념과 확대된 개념 사용을 통해 배운 개념의 위치를 파악한다.
⑦ 관련 문제 검토 : 배운 개념과 관련되어 제기될 수 있는 여러 가지 문제

를 검토한다. 또한 배운 개념이 포함된 발전된 개념이나 일반화 등의 적용을 한다.

2) 원형모형

원형모형은 속성을 잘 찾아내기 힘든 범주를 효과적으로 나타낼 수 있기 때문에 추상적 개념 이해에 매우 효과적이다. 개념 중에는 굳이 언어로 표현할 때 오히려 더 혼란스러운 것들이 많기 때문에 오히려 개념이해에 혼란을 준다. 그러므로 추상적인 개념일수록 원형모형이 효과적이다.

① 문제 제기 : 수업목표와 배울 개념에 대한 안내를 한다.

② 원형 또는 예 제시 : 원형, 즉 전형적인 예를 제시한다.

③ 예가 아닌 것 제시 : 예가 아닌 것을 제시하여 예와 비교하여 개념을 분명히 이해시킨다.

④ 속성 검토 : 개념의 속성들을 제시하여 개념을 정리한다.

⑤ 개념 분석 : 배운 개념을 토대로 관련 개념과 확대된 개념 사용을 통해 배운 개념의 위치를 파악한다.

⑥ 문제 검토 : 배운 개념과 관련되어 제기될 수 있는 여러 가지 문제를 검토한다. 또한 배운 개념이 포함된 발전된 개념이나 일반화 방법 등의 적용을 한다.

3) 상황모형

상황모형은 학생의 생활 속에서 또는 가상현실 속에서 그 맥락에서 사용되는 개념을 직접 또는 간접으로 경험하는 것이기 때문에 원형모형이나 속성모형보다 재미있는 수업을 할 수 있고, 파지 효과도 지속성이 높은 수업 효과를 얻을 수 있다. 그러나 교사가 그러한 상황을 연출하고 유지하는 데 기술적 어려움과 시간과 노력이 많이 드는 단점이 있다.

① 문제 제기 : 수업목표와 배울 개념에 대한 안내를 한다.

② 상황 및 경험의 진술 : 개념이 사용되는 상황을 설명해 주고 그 상황에서 가능한 경험들을 설명하거나 학생으로부터 경험을 듣는다.

③ 예와 비예의 검토 : 배울 개념의 속성에 맞는 예와 예가 아닌 것을 제시한다.

④ 속성 검토 : 개념의 속성들을 제시하여 개념을 정리한다.

⑤ 개념 분석 : 배운 개념을 토대로 관련 개념과 확대된 개념 사용을 통해 배운 개념의 위치를 파악한다.

⑥ 문제 검토 : 배운 개념과 관련되어 제기될 수 있는 여러 가지 문제를 검토한다. 그리고 배운 개념이 포함된 발전된 개념이나 일반화 등의 적용을 한다.

다. 유의점

개념학습은 여러 학습모형 중에서도 매우 핵심적 위치를 점하고 있다. 왜냐하면 우리의 교육과정은 거의 개념 중심으로 구성되기 때문이다. 그것은 지식의 구조 자체가 개념의 관계이기 때문이다. 그러므로 이러한 개념들을 어떻게 하면 쉽고 정확하게 학생들에게 이해시키는 것이 매우 중요하다.

여기서 소개된 세 모형은 어느 교과, 어느 학년에도 관계없이 다 적용할 수 있는 모형들이다. 특히 원형모형은 복잡한 개념보다는 구체적인 개념이나 상위, 하위개념을 이해하는 수업에 적합하다. 복잡한 개념을 복잡한 속성들의 열거로 이해하는 것보다는 원형모형처럼 전형적인 예나 상황모형처럼 어떤 상황에서 그 개념이 사용되는 것을 체험함으로써 더 잘 이해할 수 있기 때문이다.

04. 역할놀이학습모형

역할이란 '감정, 언어, 행동 등의 모형화된 계열'로서, 다른 사람과 관계 짓는 독특하고 습관화된 태도를 말한다. 우리 자신과 다른 사람에 대한 이해를 위해서는 역할에 대한 인식과 자각이 절대적으로 중요한데, 이를 위해서 우리 자신을 다른 사람의 위치에 두고 그 사람의 사고와 감정을 경험해 볼 필요가 있다.

역할놀이학습모형은 학생들에게 다른 사람의 역할을 경험하게 함으로써 학습효과를 높이려는 새로운 학습 방법의 하나이다. 부연하면 개인으로 하여금 다른 사람에 대한 생각이나 느낌을 갖게 해보는 투사적 방법이며, 행동을 통해 문제를 다루는 것으로 어떤 문제 상황을 기술하고 그에 따른 행동을 한 다음 그 결과를 토론하는 과정을 거치는 방법이다.

역할놀이학습모형은 메타인지 지식은 많으나 메타인지 경험이 없는 학생들에게 효과적인 수업모형이다.

가. 성격

역할놀이학습모형은 인지적인 내용의 학습보다 정의적인 내용, 특히 태도와 가치관의 학습에 효과적이다. 그리고 학생들이 흥미를 가지고 적극적으로 참여할 수 있고, 강의와 독서를 통해서 느끼지 못했던 것을 역할놀이를 통해서 체험할 수 있는 장점이 있다. 예를 들어 운전사와 교통경찰관, 보행인은 서로 갈등을 느낄 때가 많다. 자기가 운전할 때는 교통경찰관이나 보행인이 운전을 방해한다고 생각하기 쉽지만, 반대로 보행인이 되었을 때는 자동차가 무법천지로 운행한다고 생각하게 되는 경우가 흔히 있다. 이런 경우 이러한 세 가지의 역할을 서로 교대로 해 봄으로써 쉽게 그러한 갈등이 편견에서 나올 수도 있다는 것을 인식하게 될 것이다.

나. 수업 절차

역할놀이학습모형은 다음과 같은 절차로 진행한다.

〈표 4-1〉 역할놀이학습모형의 수업 절차

단 계	활 동
집단의 분위기 조성	•문제를 규명하거나 안내하기 •문제를 명백히 하기 •역할놀이 설명하기
참여자 선정하기	•역할을 분석하기　　　　　　•역할 연기자 선정하기
무대설치하기	•행동라인 설정하기　　　　　•역할들을 다시 설명해주기 •문제상황의 속사정 파악하기
관찰자들을 준비시키기	•무엇을 바라볼 것인가를 결정하기 •관찰 과제를 분담시키기
실연하기	•역할놀이 시작하기　　　　　•역할놀이 유지하기 •역할놀이 중단하기
토론과 평가하기	•역할놀이 행동을 검토하기(사건, 입장, 현실성 등)
재실연하기	•수정된 역할놀이하기: 다음 단계 또는 행동 대안 제안하기
토론과 평가하기	•역할놀이 행동을 검토하기(사건, 입장, 현실성 등)
경험 내용 교환 및 일반화하기	•문제 상황을 실제 경험과 현존 문제에 관련시키기 •행동의 일반원칙 탐색하기

이러한 교수 단계를 간단한 모형으로 나타내면 다음과 같다.

〈표 4-2〉 역할놀이학습모형

도입단계	실연상황설정	역할극 놀이	학습목표해결	수행평가	토론과 평가
• 선수학습 • 동기유발 • 학습목표 • 목표, 문제선정	• 문제 확인과 소개 • 문제의 명시화 • 문제의 해석, 논쟁점의 탐색 • 실연과제 토의 역할극 대본 안내	• 전체연습 • 소집단별 역할 선정 • 역할 선정 • 각 집단별 연습 및 발표	• 역할놀이를 통하여 알게 된 내용 학습 및 일반화	• 자기평가 • 상호평가	• 토론과 평가 • 역할행위 점검 (사건, 입장, 영역) • 주요논점에 대한 토론 • 다음 활동 내용
		환	류		

역할놀이학습모형의 기대효과는 다음과 같다.

〈표 4-3〉 역할놀이학습모형의 기대 효과

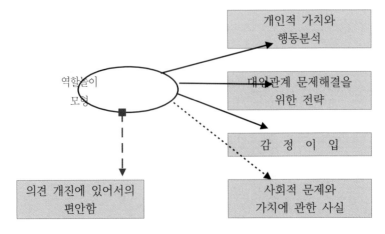

― 직접적 효과   … 간접적 효과

다. 유의점

　역할놀이학습모형은 학생들이 사전에 철저한 준비를 하지 않고, 단지 흥미거리로만 생각할 때는 사고력의 향상 등 수업의 진정한 목표를 달성하기 어려운 단점이 있다.

　역할놀이학습모형을 효과적으로 적용하기 위해서는 사전에 충분하고 철저한 준비가 있어야 하며, 진지하게 수업에 임하는 학생들의 태도가 있어야 한다. 교사는 먼저 방향을 정확하게 알려 주어야 하고, 시나리오가 치밀하게 있어야 하며, 각자가 맡은 역할을 성공적으로 수행할 수 있어야 한다. 그리고 수업이 끝나고 평가를 충분히 하여 자기가 겪은 경험을 다른 사람에게 알려서 공감대를 형성해야 수업의 효과가 있다.

05. 발견학습모형

발견학습모형은 학문의 개념이나 원리를 발견 또는 재발견하는 과정을 학생에게 직접 체험시킴으로써, 과학의 성과와 탐구의 과정 및 기법을 종합적으로 학습시키려는 교수·학습법이다.

발견학습의 기원은 고대 그리스의 철학자였던 소크라테스(Socrates)의 대화법까지 거슬러 올라갈 수 있으며, 18세기 프랑스의 사상가 장 자크 루소(Jean Jacques Rousseau)의 아동 중심 교육사상, 미국의 교육학자인 존 드웨이(John Dewey)의 문제해결에 의한 학습 등이 직접적으로 영향을 끼친 것으로 알려져 있다.

현재 사용하는 발견학습모형을 체계화하여 명명한 사람은 심리학자 제롬 브루너(Jerome Bruner)라고 할 수 있다. 브루너는 발견학습모형을 학생에게 제공해야 할 내용을 최종 결과 형태로 제시하는 것이 아니라, 학생 스스로 조직하도록 요구되는 상황에서 일어나는 학습이라고 정의하였다. 즉, 어떤 교과의 내용을 가르칠 때, 기본 원리나 핵심 개념을 교사가 찾아내어 이것을 학생들에게 제시하고 주입하는 것이 아니라, 해당 분야의 관련 지식들을 알려주고 이를 발견하도록 하는 것이다.

발견학습모형은 메타인지 경험은 있으나 메타인지 지식이 부족한 학생에게 자신의 경험을 통해서 지식을 발견하는 데 매우 효과적인 수업 방법으로 교육 현장에서 활용되고 있다.

가. 강의법과 발견법의 차이

발견학습모형과 전통적인 강의법과 대조해보면 다음과 같다.

〈표 4-4〉 강의법과 발견법의 차이

강 의 법	발 견 법
• 교사가 주로 이야기하며, 학생들은 거의 질문이 없다. • 먼저, 개념이나 법칙을 정의하고, 그 다음에 예를 들어 설명한다. • 교사가 추상적 개념을 정의한다.	• 교사의 말은 주로 질문이다. 학생들은 수업에 적극적으로 참여한다. • 먼저, 예들을 소개한다. 학생들은 이를 분석하여 개념이나 법칙을 결정한다. • 학생들이 추상적 개념을 정의한다.

나. 특징

발견학습모형은 다음과 같은 특징을 지니고 있다.

- 교재의 기본 구조에 대한 철저한 학습을 강조한다.
- 학습 효과의 전이를 중요시한다.
- 학습의 결과보다 과정과 방법을 중요시한다.
- 학생의 주체적인 학습을 강조한다.

다. 수업 절차

발견학습모형은 일반적으로 7단계로 제시하였으나, 단계가 너무 복잡하면 실제 수업 현장에서의 적용 가능성이 줄어들기 때문에 최근에는 이를 간략화하여 5단계로 제시하고 있다.

〈표 4-5〉 발견학습모형의 수업 단계

5단계 모형	7단계 모형
• 탐색 및 문제 파악 단계	• 자료 제시

• 자료 제시 및 관찰 탐색 단계	• 자료 관찰
• 자료 추가 제시 및 관찰 탐색 단계	• 추가 자료 제시
• 규칙성 발견 및 개념 정리 단계	• 추가 관찰
• 적용 및 응용 단계	• 일반화 추리
	• 정리
	• 발전

1) 탐색 및 문제 파악 단계

주어진 학습 자료를 탐색하고 학습 문제가 무엇인지를 파악하게 하는 단계이다. 교사는 주어진 학습 단계를 통하여 학생들이 문제를 파악할 수 있도록 도와준다.

2) 자료 제시 및 관찰 탐색 단계

교사가 문제해결에 필요한 한두 가지 자료를 제시하여 학생들로 하여금 관찰 탐색하게 한다. 학생들에게 자료를 제시하는 것은 학생에게 현실의 한 부분을 제공해 주고, 실제적이며 구체적인 실례들을 관찰하게 함으로써 그들에게 탐구 기능을 발달시킬 실습의 기회를 제공한다.

학생들은 관찰 과정을 통하여 보다 훌륭한 관찰자, 추리자가 될 뿐만 아니라 다른 과목에서도 똑같이 적용하게 된다. 관찰이 끝나면 교사는 관찰 결과를 발표시킨다. 여기에서 교사는 다양한 관찰 결과를 발표시키고 의미 있는 관찰이든 아니든 모두 받아들이는 태도를 지녀야 한다.

3) 자료 추가 제시 및 관찰 탐색 단계

앞에서 제시한 자료 이외에 탐색에 도움이 되는 다른 자료들을 추가로 제시하여 학생들로 하여금 관찰 탐색하게 하고, 전에 관찰 탐색한 결과와 비교하게 한다. 이 단계에서 제공되는 보충 자료에는 형성하고자 하는 개념과 일치하는 자료도 있고 때로는 이와 반대되는 자료도 포함되어 있어야 한다. 이러한 관찰은 직접적인 지시보다는 질문을 통하여 유도하는 것이 바람직하다.

4) 규칙성 발견 및 개념 정리 단계

앞에서 관찰 탐색한 결과에 대한 토의를 통하여 일반화하고 규칙성을 발견하는 단계이다. 이 단계에서 교사는 학생들이 여러 관찰된 사실에서 규칙성을 이끌어내고 기술하도록 유도한다. 이때 교사의 질문 기술은 유용한 개념을 형성하는 데 중요한 역할을 한다.

이 단계에서 학생들이 규칙성을 발견하지 못하면 피드백 과정을 통하여 자료를 더 제시한 다음 일반화하도록 한다.

5) 적용 및 응용 단계

앞에서 발견한 규칙성을 다른 경우에 적용 또는 응용해 보게 함으로써 발견한 규칙성이나 개념을 보충 심화시키는 단계이다. 이를 위해서 교사는 학생이 이제까지 배운 것을 얼마나 잘 이해하고 있는지를 파악할 수 있다.

라. 유의점

발견학습모형을 적용할 때의 유의점은 다음과 같다.

1) 발견학습모형은 학생의 능동적 학습 과정을 중요시한 나머지 방만한 수업이 될 위험이 있다. 이러한 문제를 회피하기 위하여 계통학습이나 프로그램 학습이 갖는 질서 정연한 단계와 순서를 다소 원용할 수도 있다.

2) 발견학습모형은 집단 사고나 개인 사고의 다양한 조화에 의하여 진행되기 때문에 집단 학습이나 개별학습이 갖는 장점을 각각 적절하게 받아들여야 한다.

3) 시청각 매체가 갖는 여러 가지 이점을 충분히 살려 이용하는 전략도 필요하다. 시청각 매체는 학생으로 하여금 직접적 경험이나 간접적 경험의 기회를 제공하여 개념 형성에 도움을 준다.

06. 순환학습모형

순환학습모형은 학생 스스로 구체적인 경험을 통하여 개념을 획득하고 사고력의 신장을 돕도록 하는 탐구 지향적 학습모형이다. 순환학습은 상호 관련된 3단계 즉, 탐색 단계, 개념 도입 단계, 개념 응용 단계로 이루어져 있는데 전통적 학습 방법과는 달리 탐색 단계에서의 실험 활동을 중요시한다.

순환학습모형은 원래 피아제의 인지 발달 이론에 바탕을 두고 탐구적 학습활동을 통해 인지 구조의 변화를 촉진 시킬 수 있는 학습 내용을 조직하도록 하고 있다. 따라서 순환학습모형은 이미 알려진 개념에 대한 확인, 검증 실험의 전통적 학습 방법과는 달리 새로운 개념의 형성 또는 개념 변화를 목표로 하는 수업에 효과적이다.

순환학습은 학습 단계에서 구체적 경험을 제공함으로써, 메타인지 경험이 부족한 학생에게 더 높은 인지 단계에 도달될 수 있도록 인지 구조를 자극하는 역할을 수행한다.

가. 가정

순환학습을 적용하기 위해서는 다음과 같은 가정을 하고 있다.

1) 인간은 개인적으로 자연 현상에 대한 신념들을 형성해가는 데 그들 중의 일부는 과학적인 이론과 다른 경우가 있다.

2) 대안적 신념(오인)은 학습에 의하여 과학적 개념을 형성하는 데 방해가 될 수 있다.

3) 오인의 제거는 학생들이 바로 자신의 오인이 공인된 과학적 개념과 차

이가 있다는 것을 인식할 때만이 가능하다. 즉, 인지적 갈등상태 또는 지적 비평형 상태를 유발해야만 그 오인의 제거가 가능해진다.

4) 사고력의 발달은 지적 갈등을 경험하고, 그 갈등 해소를 위한 노력을 할 때 비로써 이루어진다.

5) 논쟁을 통하여 특수한 사고의 내면화가 이루어진다.

6) 순환학습은 탐색, 개념 도입, 개념 응용이라는 세 단계로 이루어진 수업의 한 방법이다.

7) 순환학습은 학생들이 가지고 있는 선 개념, 개념적 오류 등을 표현할 수 있는 기회를 제공한다. 또한 그 개념들을 검증하고, 논증할 수 있는 기회를 제공하게 되어 결국 지적 비평형성을 경험하게 하여 새롭고 타당한 개념 형성과 사고 발달을 촉진하는 기회가 된다.

나. 특징

순환학습모형은 과정에서 적용하는 사고의 유형에 따라 서술적, 경험·귀납적, 가설·연역적 순환학습의 3가지 형태로 나눌 수 있다. 이들 3가지 형태의 순환학습은 대안적 개념의 확인과 지적 갈등을 일으키는 데 있어서 그 효과가 같지 않으며, 사고력의 발달을 촉진하는 효과도 다르다. 이들 3가지 형태의 순환학습을 보면 다음과 같다.

1) 서술적 순환학습

학생들로 하여금 자연의 현상을 관찰, 탐구하게 하고, 그 속에서 간단한 규칙성을 발견하게 하여 그것을 명명하게 설계하는 형태를 말한다. 단지 구체적 사고력만 요구하고 지적 갈등은 거의 일으키지 못하며, 학생들은 자신의 선입관이 잘못되어 있다는 사실을 거의 깨닫지 못한다.

2) 경험·귀납적 순환학습

학생들로 하여금 자연 현상을 기술하고 설명하게 함으로써 개념적 오류를 나타나게 하고 논증적 갈등을 발생하게 하며, 형식적 사고 유형의 발달을 자극한다.

3) 가설·연역적 순환학습

자연 현상을 설명하는 즉각적이고도 명료한 대안 개념 또는 가설을 설정하게 한다. 또한 그 대안 개념이나 가설 검증 과정에서 형식적 사고 유형의 발달을 촉진함으로써 잘못 이해하는 것을 해소하고, 타당한 개념이나 지식이 발달하게 한다.

다. 수업 절차

순환학습은 탐색 단계, 개념 도입 단계, 개념 응용 단계의 3단계로 이루어진다.

1) 탐색 단계

새로운 문제 상황에서 학생 스스로 자신의 행동과 반응을 통하여 문제에 내재한 규칙성을 발견하는 단계로서 순환학습 과정에서 가장 중요한 과정이다. 학생들은 자기 자신의 개념이나 사고 양식으로 해결할 수 없는 새로운 경험에 대면하여 갈등을 느끼게 되는 데 이 상태를 지적 비평형 상태라고 한다.

한편 교사는 학생들이 지니고 있는 선입 개념들이 노출되어 토론되도록 유도해야 하며, 학생 자신이 지닌 개념이 문제가 있음을 스스로 깨달을 수 있도록 해야 한다. 이를 위하여 교사는 다양하고 구체적인 자료를 제시하고, 학생들에게 친근하고 흥미로우며 간단한 실험이나 시범 등을 제공해야 한다.

2) 개념 도입 단계

도입 단계는 탐색 단계에서 발견된 규칙성과 관련 있는 개념, 원리들을 도입하는 단계로서, 학생들이 탐색 단계에서 느꼈던 인지 갈등을 해소하여 새로운 평형 상태에 도달할 수 있도록 해야 한다. 그러므로 이 단계는 탐색 단계의 정리 단계로 볼 수 있지만 인지 수준이 낮은 학생은 완전한 평형 상태에 도달되지 못하고 어느 정도의 비평형 상태가 지속될 것으로 예상할 수 있다. 이 때문에 개념 적용 단계가 필요한 것이다.

3) 개념 적용 단계

탐색 및 개념 도입 단계를 통해 학습한 개념, 원리 또는 사고 양식을 새로운 상황과 문제에 적용하는 단계로서 새로운 개념의 적용 가능성의 범위를 확장하여 발전적으로 전개하는 과정이다. 이 단계에서는 자율적 조절 기능을 위한 충분할 시간과 경험을 제공하고 새로운 사고 유형을 안정화 시킨다. 사고 능력이 떨어지거나 성취 수준이 낮은 학생들은 이 단계가 더욱 중요하며, 교사는 이 시기에 학생들을 평가할 수 있다.

라. 유의점

순환학습모형은 원래 초등학교 수준에서 과학의 기본 개념의 학습을 촉진하고 사고 기능을 개발하기 위하여 도입되었지만, 현재는 초등학교뿐만 아니라 중·고등학교와 대학교에서도 효과적으로 사용하고 있다.

순환학습의 3단계는 서로 단절적인 것이 아니고 순환적, 반복적으로 이루어진다. 또한 이미 알려진 개념에 대한 확인, 검증 실험 등의 학습 방법과는 달리 새로운 개념의 도입 역할에 중점을 둔다. 자료를 모으는 탐색 단계 동안에는 질문을 적게 하고 용어 도입 시에는 질문을 많이 해야 한다.

탐색 단계에서 주의해야 할 점은 학생 스스로의 학습활동이 보장되어야 하는 것이며, 교사는 토의하는 학습 분위기를 조성하는 안내자 역할만을 수

행해야 한다. 개념 도입 단계에서는 교사가 적절한 용어나 사고 유형을 학생
들이 도입하도록 도와주며, 때로 교사 자신이 도입할 수도 있다.

07. 협동학습모형

협동학습모형은 전통적인 소집단학습과 구별되는 협동학습의 기본 요소에 따라 다양한 개념을 가진다. 협동학습이란 학생들이 공동의 과제를 해결하기 위해 5~6명이 한 조를 이루어 동료들의 학습에 책임감을 가지고 서로 맡은 임무를 수행하면서 격려하며 학습 집단이 구성원 간의 협동적 상호작용을 통해 공동의 학습목표를 달성함으로써 집단원 모두에게 유익한 학습효과를 얻게 하는 교수·학습모형이다.

협동학습은 기존의 강의식 강의가 교사 일변도의 전달식 학습이라는 한계를 탈피하고, 토론식 강의가 정교하지 못하다는데서 조직적인 협동을 통한 상호작용으로 교육적 효과를 극대화하기 위하여 만들어졌다.

협동학습은 메타인지 지식이나 경험이 풍부한 학생에게 아주 효과적인 수업이며, 참여 학생들에게 역동성과 능동성을 주기 때문에 매우 즐거움을 주는 수업 방법이다.

가. 협동학습의 유형

협동학습의 유형을 크게 나누어보면 첫째, 학생 집단 학습모형으로 학생 집단성취모형, 토너먼트식 학습, 집단 보조 개별학습, 읽기와 짓기 학습통합모형이 있으며, 둘째, 과제분담학습(Jigsaw)모형, 셋째, 동참학습모형, 넷째, 집단학습모형 등 7가지의 모형이 있다. 이 중 사회과 수업과 관련하여 가장 고전적이며 널리 이용되고 있는 학생집단성취모형(STAD)과 과제분담학습(Jigsaw)모형, 집단 조사모형을 소개하면 다음과 같다.

1) 학생집단성취모형(STAD)

학생집단학습모형은 협동학습 모델 중의 하나로 존 홉킨스(John Hopkins) 대학의 슬라빈(Slavin)과 그의 동료에 의해 1977년 창안된 것으로 학생에게 참가상이나 기념품 지급 등의 보상 체제를 적절히 조화시켜 학습동기를 유발하는 데 성공하고 있는 대표적인 협동학습모형이다.

학생집단성취모형을 수업에 적용하는 절차는 수업 소개, 소집단 활동, 퀴즈 문제, 개별·팀 향상 점수, 소집단 점수의 게시와 보상의 다섯 가지 요소로 구성된 전략이 제시된다. 이 학습모형의 적용 절차는 다음과 같다.

〈표 4-6〉 학생집단성취모형 수업 절차

단 계	활 동
도 입	• 선수학습, 동기유발, 학습목표 제시
모둠별 학습	① 이질적인 구성원으로 모둠 구성 ② 교사는 교재를 제시 ③ 학생들은 그들의 집단 안에서 모든 집단 구성원들이 그 교재 내용을 완전히 학습했다고 확신할 수 있도록 학습 ④ 교재 내용에 대한 개별적인 평가. 서로에게 도움을 주지 않는다. ⑤ 학생들의 평가 점수는 자신의 과거 평균 점수와 비교하여 이전의 점수와 같거나 향상된 정도에 따라 점수가 주어진다. 그리고 이 점수는 집단 점수에 계산되고 일정한 기준을 달성한 집단은 보상을 받는다.
정 리	• 학습 반성, 과제 제시, 차시 예고

학생집단성취모형을 구체적인 수업에 적용하기 위한 일반 모형을 제시하면 다음과 같다.

〈표 4-7〉 학생집단성취모형

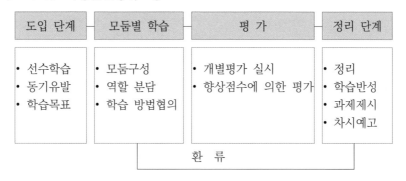

2) 과제분담학습(Jigsaw Ⅱ) Ⅱ모형

과제분담학습모형은 산타클루즈 캘리포니아 대학의 아론손과 그의 동료들에 의해 고안된 것이다. 과제분담학습과(Jigsaw)모형과 과제분담학습(Jigsaw Ⅱ) Ⅱ모형의 차이점은 학생들이 개인별 평가를 받은 후 학생집단성취모형(STAD)의 향상 점수 체제에 기초하여 집단 점수가 계산되고 보상이 주어지는 데 비해, 과제분담학습(Jigsaw)모형에서는 개인별 평가 점수가 집단 점수에 합산되는 것이 아니라 오직 개인의 점수로 돌아간다.

과제분담학습 Ⅱ모형에서는 학생들이 소집단에 배정되고 각자가 부문별로 나누어진 학습 내용을 토의한다. 그 다음 같은 부문을 학습한 사람들이 '전문가 집단'으로 모여 학습한 내용을 토의한다. 그리고 난 후 학생들은 그들의 집단으로 돌아가서 자신이 맡았던 부문을 차례대로 집단의 동료에게 가르친다. 학생들은 자신이 맡았던 부문 이외의 부문을 학습할 수 있는 유일한 방법은 집단 동료의 얘기를 주의해서 듣는 것이므로 학생들은 집단 동료의 학습을 지원하고 관심을 보이는 마음을 가지게 된다.

이 모형의 일반적인 절차는 다음과 같다.

〈표 4-8〉과제분담학습 Ⅱ모형 수업 절차

단 계	활 동
도 입	선수학습 확인

| 모집단 활 동 | • 소집단 구성 :
 - 소집단을 주어진 기준에 의해 조직하고, 그 모집단 구성원이 협의하여 집단명과 구호를 정하고 집단의 결속을 다지도록 유도한다.
• 각 모집단에 학생 수만큼의 소주제가 질문의 형식으로 적혀 있는 전문가 용지를 배포한다.
• 소주제들을 모집단 구성원 각자에게 하나씩 할당한다.
• 모든 학생에게 단원 전체를 읽게 하되, 특히 자신이 맡은 주제를 중심으로 읽게 한다. |

| 전문가 활 동 | • 전문 조로 모여서 자신들의 주제에 관해 토론하게 한다. |

| 모집단활동 | • 전문가 토론이 끝나면 자신의 모집단에 돌아가서 학습 과제를 학습한다. |

| 정리단계 | • 소집단 학습이 끝나면 단원 전체에 대해 개인적 시험을 치른다.
• 소집단 점수를 공개하고, 게시판 등에 팀의 성적을 공고한다. |

한편, 이 모형을 구체적인 수업에 적용하기 위한 일반 모형을 제시하면 다음과 같이 정리할 수 있다.

〈표 4-9〉 과제분담학습(Jigsaw Ⅱ) Ⅱ모형

도입단계	모집단 활동	전문가 활동	모집단 활동	검증·일반화	정리단계
• 선수학습 • 동기유발 • 학습목표 • 문제선정	• 학습과제 의 목표확인 • 전문가의 역할 분담 • 학습방법협의	• 학습목표확인 • 학습 방법협의 • 자료정리 분석 • 개별학습 발표 • 종합정리	• 각 전문 활동 발표 • 질의 응답 • 학습목표에 따 른 종합적인 내 용 정리	• 모집단별 발 표 • 질의응답에 의한 검증 일반화	• 정리 • 보충학습 • 과제제시 • 차시예고

환   류

3) TGT(Team Games Tournament)모형

TGT모형은 존 홉킨스(John Hopkins) 대학의 더프리스(Devries)와 메스크온(Meskon)에 의해 1974년 창안된 것으로 학습한 내용을 학생의 흥미 있는 퀴즈(카드)의 소집단 활동은 STAD와 동일하나, 두 가지 점에서 차이가 있다. 하나는 학생집단성취모형(STAD)가 개인적인 퀴즈를 대비해서 학습하는 반면에 TGT는 토너먼트 게임에서 좋은 성적을 얻기 위해 학습을 한다는 점이고 다른 하나는 학생집단성취모형(STAD)에서는 향상 점수로 학습동기를 강화시키지만 TGT는 게임에서 얻은 점수로 학습동기를 강화시킨다는 점이다.

TGT는 매주 토너먼트 성적에 의해서 선수로 출전하는 테이블이 바뀐다. 즉, 그 주에 좋은 성적을 얻은 구성원은 다음 주에 더 높은 경쟁자들이 모이는 상위의 테이블 선수로 나가게 되고, 반대로 좋지 않은 성적을 얻은 구성원은 자신이 출전했던 테이블보다 하위의 테이블에 출전하게 된다. 이것은 학생집단성취모형(STAD)에서 학습 능력에 관계없이 열심히 학습한 학생은 향상 점수를 통해 자신의 소집단에 기여하고, 자신의 성취욕을 얻는 것과 마찬가지로, TGT의 학생들도 자신과 비슷한 능력의 경쟁자와 게임을 하게 되므로 자신의 팀에 공헌할 수 있는 동등한 기회를 갖게 되는 셈이다.

　TGT는 수업 절차가 특별하기보다는 보상 방식이 특별한 수업모형이다. 그러므로 모든 교과와 모든 대상에 다 적용이 가능하다. 그러나 퀴즈 문제를 많이 출제해야 하므로 문제를 많이 만들 수 있는 교과가 적용하기 편리하다. 또한 교과 내용이 재미가 없거나 수업 내용이 재미없을 때, 또 학생이 흥미를 느끼지 못할 때 사용하기를 권장하는 모형이다.

〈표 4-10〉 협동학습의 효과

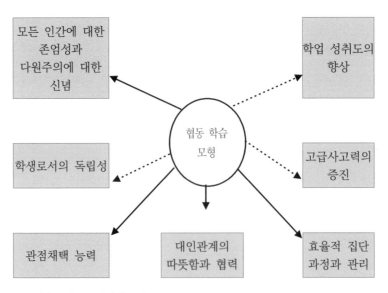

　— 직접적 효과　… 간접적 효과

나. 협동학습의 장단점

1) 협동학습의 장점

　① 협동학습은 교사에게 다양한 수업 전략을 제공해 준다. 이로 인해 수업이 재미있고 학습 의욕이 높아지며, 학습동기가 고취되는 것을 기대할 수

있다. 그리고 수동적으로 가만히 앉아서 수업에 듣는 것보다 좀 더 신체를 많이 움직일 수 있게 함으로 간접적으로 학습동기를 높여 주는 원인이 될 수 있다.

② 협동학습은 함께 문제를 해결해 가는 과정을 통해 타인을 배려하는 태도를 길러준다.

③ 문제를 해결하거나 의사 결정하는 능력을 길러준다.

④ 소집단 구성원 간의 토의를 통해 작은 사회를 경험하게 해준다.

⑤ 사회적 상호 작용을 경험하게 되고 자신감이 없는 학생에게 소집단에서의 자신의 목소리를 내며 자신의 생각을 마음껏 표현할 수 있는 기회를 제공한다.

⑥ 소집단끼리의 경쟁이 있을 수 있지만, 소집단 구성원끼리는 동반자적 입장이기 때문에 개인의 약점보다는 장점을 받아들이는 경험을 하게 된다.

⑦ 소속감을 통해 긍정적인 인간관계를 맺음으로 소속의 욕구를 만족시킬 수 있다.

⑧ 학생의 숨은 재능을 계발하고 격려해줄 수 있다.

⑨ 학생들이 교사의 통제나 보호에서 벗어나 독립적으로 학습함으로 다양한 정보를 경험하고 독립심을 기를 수 있다.

2) 협동학습의 단점

① 일부 구성원이 자신의 책임을 회피한 채 무임승차자로 학습 과정에 참여하는 문제가 있다.

② 학습에 관심 있는 학생에 의하여 주도적으로 가기 쉬우며, 반대로 학습에 관심 없는 학생들은 무임승차자가 되기 쉽다.

08. 구성주의 학습모형

구성주의의 기원은 고대 그리스까지 거슬러 올라가며, 누가 언제 구성주의라는 말을 처음 썼는지는 명확하지 않다. 구성주의라는 용어는 철학의 조류에 있어서 절대주의적인 입장에 대립되는 개념으로 받아들여졌으며, 최근의 인식론에서는 이러한 구성주의가 하나의 움직일 수 없는 패러다임으로 받아들여지고 있다.

20세기에 들어와 과학이 급속하게 발달하면서 절대주의자들의 주장에 회의를 던져주는 일들이 발생하기 시작하였다. 이러한 생각은 지식이 발견된 것이 아니라 인간이 완성시켜 가는 것이며 객관적이라기보다는 주관적이라는 주장과 관련되어 있다. 이와 같은 주장을 구성주의적 관점이라고 일컫게 되었는데, 구성주의는 이론이 관찰에 선행하는 것이고 이론적인 예상에 의해 관찰이 선택되고 유도된다는 것을 전제로 한다.

구성주의적 관점에 의하면 '이론은 창조적인 지성에 의하여 계획된 대담한 사안'이라고 생각된다. 이러한 관점은 진리는 발견하기 이전에 존재하며 관찰의 축적에 의해 이러한 진리를 발견할 수 있다는 경험주의적 관점과는 전적으로 다른 견해라 할 수 있다.

가. 전통적 관점과 구성주의적 관점의 비교

구성주의적 관점을 쉽게 이해하기 위하여 이를 전통적 관점과 비교한 것이 〈표 4-11〉이다. 여기에서 전통적 관점이라 함은 행동주의적 관점을 말한다.

〈표 4-11〉 전통적 관점과 구성주의적 관점의 비교

구분	전통적 관점	구성주의적 관점
교사의 역할	지식을 전수하는 역할	학생들이 학습을 구성하도록 경험 제공과 학습 촉진
학생의 역할	지식을 수동적으로 받아들임	의미를 능동적으로 구성
수업 전 학생의 상태	백지 상태 또는 쉽게 대치될 수 있는 개념을 가지고 있는 상태	선행 경험에서 기초한 쉽게 변하지 않는 개념을 가지고 있는 상태
학습의 결정 조건	외부적인 학습 상황: 교사, 교실, 교과서, 실험	외부적인 학습 상황과 학생의 기존 개념과 선행 경험
학습에 대한 관점	백지 상태의 학생에게 지식을 전수	기존의 개념을 바꾸거나 수정하는 것
지식 형성의 관점	외부 조건에 의하여 결정되며 학생와는 무관	각 개인의 내적 작용에 의하여 지식이 형성됨

나. 특징

구성주의학습모형에서는 학생이 교사의 수업 내용을 수동적으로 받아들이는 것이 아니고 학생 자신이 능동적으로 구성한다는 점이 전통적 학습론과 많은 차이를 보인다.

교사가 아무리 열심히 수업을 해도 학생이 교사의 수업 내용을 받아들이지 않는다면 결국 그 수업은 의미 없는 수업이 되고 말 것이다. 그렇기 때문에 교사의 입장에서는 자신의 가진 지식을 잘 전달하려고 애쓰는 것보다는, 학생들이 지식을 의미 있게 잘 구성하도록 협력 내지 조언하는 자세가 중요한 것이다.

구성주의 학습모형의 특징을 보면 다음과 같다.

① 지식의 획득은 구성적 또는 생성적인 과정에 의해 일어나고 학생들의 지식은 개인에 따라 다르다.

② 지식의 표현은 복합적인 단계를 가진 동적이고 구성적 과정에 의해 일어난다.

③ 개념이나 과정을 획득하거나, 조직하거나, 기억하고 상기하는 데는 사람에 따라 다양한 방법이 있다.

④ 개념의 이해는 연속적인 접근에 의해 이루어지고 모든 것의 이해는 불완전하거나 충분하지 않다.

다. 수업 절차

1) 도입

이 단계에서는 수업의 주제와 관련된 상황으로 이끌기 위하여 생활과 관련된 경험 등을 얘기하거나 학생에게 질문을 던져 수업의 내용과 방향을 암시하는 단계이다.

2) 수업 이전 개념 끌어내기

학생들이 학습할 내용과 관련된 각자의 생각(선 개념)을 표현한다. 교사는 학습 내용과 관련된 현상이나 예를 제시하고 학생들은 이를 관찰하거나. 또는 회상하여 자신의 언어로 설명하도록 요구받는다. 학생들은 자신의 생각을 정리하여 노트에 정리한다.

3) 개념의 재구조화

이 단계는 몇 개의 하위 단계로 구성되는 데 첫째 하위 단계인 '개념의 명료화와 교환' 단계에서는 학생들이 자신의 생각을 서로 발표하도록 한다. 이어지는 '갈등 상황의 노출' 단계에서는 학생들의 생각과 상충되는 현상이나 사건을 제시한다. 학생들은 자신의 생각으로 제시된 상황을 잘 설명할 수 없다는 것을 깨닫게 된다. 이러한 인식이 자신의 생각을 바꾸는 데 있어서 필수적인 조건이다. '새로운 개념의 구성' 단계에서는 자신의 부족한 생각을 대체할 수 있는 새로운 개념을 구성한다. 학생들이 스스로 과학적 사고를 구성할 수 없는 경우에는 교사가 제시할 수도 있다. 그러나 이때 제시되는 과학

개념은 학생들이 쉽게 이해할 수 있어야 할 뿐 아니라 학생들의 생각과 비교할 때, 어떤 장점이 있는지 잘 드러나도록 해야 한다. '평가' 단계에서는 새로운 생각이 얼마나 타당한지를 평가하게 된다.

4) 새로운 개념의 응용

이 단계에서는 학생들에게 새로운 소재나 상황을 제시하여 재구성한 생각을 적용하게 한다. 이 과정은 새로운 생각이 얼마나 활용 가능성이 많은 지를 인식하게 하는 기회를 제공한다.

5) 개념의 변화 검토

마지막 단계인 이 단계에서는 학생들의 생각이 얼마나 변화되었는지를 선 개념과 비교하여 검토한다. 과학자적 관점이 아닌 선 개념이 아직 바뀌지 않았으면 피드백 과정에 의하여 다시 개념 변화를 시도하게 된다.

〈표 4-12〉 구성주의학습모형 수업 절차

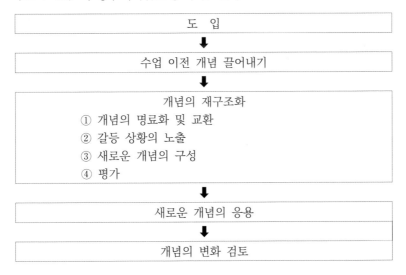

09. 문제중심학습모형

현대 사회에서 요구하는 인재상은 문제를 발견하고 이의 해결에 필요한 자료나 정보가 무엇인지는 판단하고, 자료가 문제 상황에 적절한 것인지 평가하며 나아가, 적절한 문제해결 방법을 찾아내는 등의 자기주도 학습 능력과 문제해결 능력을 갖추고 있는 사람이다. 하지만 현실에서의 교육과정에서는 단순히 암기와 주입식 교육을 통해 지식을 습득하고 있기 때문에 창의성과 문제해결 능력이 중요시되는 이 시대에 많은 사람들이 이러한 욕구에 충족되지 못하고 있다. 이러한 현실에서 문제중심학습은 하나의 대안 학습 방법이 될 수 있다.

문제중심학습(Problem-Based Learning; PBL)은 강의법을 지양하고, 문제(Problem)를 제시하여 그것의 해결을 통해 학습이 이루어진다. 이러한 문제중심학습은 1969년 캐나다 맥마스터(McMaster)의과 대학에서 하나의 교육 방법으로 시작되었다. 문제중심학습은 실제 사회에서와 같은 복잡하고 비구조적이며 실제적인 특성을 지닌 문제를 해결하기 위해서 학생들은 문제해결을 위한 학습목표를 토론을 통하여 스스로 정하고, 역할을 분담하여 개별학습 과제를 정하고, 과제를 해결하는 과정을 통해서 관련 지식을 익히고, 문제해결 능력 및 협동학습 능력과 자율학습 능력을 기르는 학생 중심의 학습으로 이루어진다.

문제중심학습은 상대주의적 인식론에 바탕을 둔 구성주의의 학습모형이다. 상대주의적 인식론으로서의 구성주의의 특징은 학생 중심의 교육환경을 강조한다. 즉, 지식은 개인의 인지 작용에 의해서만 습득되고 형성되는 것이 아니라 학생이 속해 있는 사회의 구성원과의 상호작용 그리고 사회구성원으로 참여함으로써 습득된다고 본다.

가. 특징

체계적인 지식이나 정보를 일괄적으로 제시한다고 하여도 학생들은 자신이 관심 있고 흥미 있는 부분만을 선택적으로 받아들이기 때문에 서로 다르게 지식이 습득되며, 학생이 속한 사회가 공유하는 행동양식, 언어, 지식과 기술 등은 지속적인 사회적 참여를 통해 습득되므로 협동학습의 활용을 강조한다. 사회적 참여는 사회 구성원들 간의 직·간접적, 물리적 접촉만을 의미하는 것이 아니고, 개인의 사회적 참여는 과제 중심으로 이루어지게 된다. 이때 과제는 사회에서 실제로 부딪치는 복잡하고 비구조적인 특성을 담고 있는 실제적 성격을 지니게 된다.

문제중심학습의 학습 환경은 편안하며, 형식에 얽매이지 않고 유연성이 있으며, 또한 문제중심학습은 학습에서의 개인차를 허용하고 있다. 전통적인 강의식 수업에서 학생들은 수동적이며, 듣기만 하는 지식의 흡수자 역할을 하였는데 그들은 제한된 수업 시간 동안 교사로 하여금 그들에게 지식을 전달하도록 할 뿐이었다. 이러한 학습에서는 개인적 차이에 대한 고려가 없다.

문제중심학습에서는 교수와 학습 사이에서 조화를 이루어 서로를 이해하고, 개인차를 고려할 수 있으므로 교수·학습이 편안하게 이루어질 수 있다. 그 점이 학생들이 문제중심학습 환경이 전통적 방법에서보다 그들의 학습을 더욱 증진 시켰다고 인식하는 이유이다.

문제중심학습에서 학생들은 강의식 수업의 학생과 비교해 볼 때 사고와 문제해결 능력을 발전시킨 기회가 되었으며, 효과적인 대화 기술과 개인적 책임감을 발달시켰다고 인식하였으나 강의식 수업의 학생들에게서는 인식되지 않았다. 문제중심학습의 수업의 대부분은 강의식 수업의 학생들보다 더욱 흥미를 느끼고 있으며 능동적인 학생들이며 교실은 활기찬 장소가 되었다.

나. 장점

1) 창의적 문제해결력 신장

우리나라에서도 점차 창의성 교육의 중요성이 높아지고 있지만 실제 교실에서는 접근이 되지 못하고 있는 실정이다. 이로 인해 학생들의 잠재된 창의성을 발휘할 수 없고, 계속적인 단순 주입식 학습 때문에 창의력을 요구하는 문제에서는 해결하는 능력이 떨어지게 된다. 그렇기 때문에 단순 주입식 학습이 아닌 문제중심학습을 통하여 창의력을 길러주고 어떤 문제라도 응용할 수 있는 문제해결력을 신장할 수 있다.

2) 효과적으로 지식을 습득, 전이, 활용

지식기반 사회에서 경쟁력을 갖추기 위해서는 지식을 창출 활용 축적 습득할 수 있는 능력이 필요한 데 지식을 창출하기 위해서는 자신이 체득한 지식을 활용해야 하며, 지식을 활용하기 위해서는 이미 축적된 지식이 있어야 한다. 문제중심학습은 실생활과 관련된 문제 상황 속에서 학생이 자신의 학습을 결정하기 때문에 학습할 내용에 대한 깊은 이해와 습득한 지식에 대한 기억을 증가시킨다. 이런 장점이 있기 때문에 효과적으로 지식을 습득, 전이, 활용할 수 있다.

3) 학생의 흥미유발

여러 연구 결과들을 보면 문제중심학습이 흥미를 유발하는 데 유용한 방법임을 시사한다. 문제중심학습은 실제적이고 맥락적인 문제 구성을 통해 교과 내용을 의미 있게 접하게 할 수 있기 때문에 학생들의 흥미를 유발하기에 적합한 장치가 마련된다고 볼 수 있다. 그뿐 아니라 학생들이 문제를 해결하기 위해 필요한 방법과 자료를 발견하는 순간이나 문제를 해결하는 순간 느낄 수 있는 희열 또한 학생들의 본질적 흥미를 이끌기에 적합하다.

4) 자기주도적학습 능력 신장

요즈음은 정보와 지식의 홍수 속에 살고 있기 때문에 성인이 된 이후에도 지속적인 배움을 필요로 한다. 그렇기 때문에 시대에 뒤처지는 삶을 살지 않기 위해 학생이 학교를 졸업한 후에도 주도적으로 자신에게 필요한 내용이나 기술 등을 학습할 수 있는 능력을 갖도록 해야 한다.

5) 협동능력 습득

지식이 다양화되고 전문화되어 감에 따라 사회에서는 더 복잡한 문제 상황들이 발생하는데 이러한 문제를 해결하기 위해서는 타인과 협동해야 할 필요성이 증대되고 있다. 타인과 협동하는 능력에는 대인관계 기술, 사회적 기술, 의사소통 기술 등과 같은 것들이 포함된다. 이러한 기술들은 타인과 정보, 지식, 아이디어를 공유하고, 협상이나 타협 또는 토론을 위한 의사소통을 하는 등의 경험을 통하여 배울 수 있는 것들이다.

다. 수업 절차

문제설정과 학습목표가 결정되면 다음의 과정을 거쳐 수업이 진행된다.

〈표 4-13〉 문제중심학습모형 수업 절차

학습단계	학습유형	교수-학습활동
1. 강의 분위기 조성 단계		• 강의의 특징 및 학습목표에 대한 설명을 한다. • 교사와 학생의 역할을 안내한다.
2. 문제 제시 단계		• 문제에 대한 주인의식을 느끼도록 한다. • 제출할 과제물에 대한 소개를 한다.
3. 잠정적 문제해결 시도 단계	조별 학습	• 역할을 분담한다.(진행자, 기록자) • 다양한 아이디어를 적극 수용한다. • 잠정적인 해결 방안에 대한 생각을 종합한다.
4. 자율학습 단계	개별 학습	• 각각 주어진 과제를 해결한다. • 자아 성찰하는 시간(문제해결을 위한 현재 자신의 상태와 나아갈 방향 등)
5. 협동학습 및 토의학습 단계	조별 학습	• 조별로 모여서 다른 학생들의 다양한 견해나 관점을 접하며, 개인이 지닌 사고의 영역과 범주를 넘어서, 관련 지식에 대한 전문적 지식을 더 넓힌다. • 모든 사회현상과 문제는 하나의 지식과 해결책으로는 설명할 수 없다는 상대주의적 관점을 배운다. • 새로 얻은 지식을 활용하여 재 종합한다.
6. 토론결과 발표 학습단계		• 자기 조의 견해를 전달하는 과정을 통해 지식을 공유한다. • 전달 내용은 개별 정리한다. • 보고서 작성 및 발표 능력을 기른다.
7. 정리 및 평가	전체 및 개별 학습	• 자기 학습 평가지, 팀원 학습평가, 팀간 학습평가 • 오늘의 학습 과정 반성하기

제5장
메타인지 능력을 높이는 심리학

01. 학습동기를 높인다

　학습동기는 학습하고 싶은 욕구를 갖게 하는 것이다. 학습을 위해서는 학습동기가 반드시 있어야 제대로 된 학습이 이루어지며, 학습동기가 없는 학습은 지옥과 같은 시간이 된다. 따라서 모든 수업에서의 도입 단계에서는 필수적으로 학습동기를 높이는 것이 가장 중요하게 다루고 있다.

　심리적으로 학습동기를 높이기 위해서는 심리학적으로 동기의 종류와 동기를 일으키는 구조와 학습동기를 높이는 방법을 알아야 한다.

가. 동기의 종류

　심리적 동기는 인간이 사회생활을 하면서 학습하고, 무의식 내지는 의식적으로 나온 동기를 말한다. 생리적 동기는 생리적으로 결핍해서 생기는 동기라고 한다면, 심리적 동기는 사회생활을 하면서 학습된 인정동기, 성취동기, 작업동기, 자기실현동기 등이 포함된다.

1) 인정동기(認定動機; acknowledgment motivation)

　인정은 확실히 그렇다고 여기는 것을 말한다. 인정동기는 인간이 부모, 친구, 주변 사람들로부터 주목을 받고 능력을 인정받으려는 동기를 말한다. 인간은 누구나 사회적으로 인정을 받고자 하는 동기를 가지고 있다. 사회적 인정은 자신이 타인의 인정을 받을 자격이 있고, 가치를 지닌 사람이라는 생각을 갖게 하며, 사회적 인정을 받기 위하여 노력하는 행동을 하게 한다. 그리고 사회적 인정은 자신이 거절당하거나 무시당하지 않는다는 안정감을 부여한다.

특히 사춘기와 청소년기에서는 자기가 과연 누구이며, 무엇을 할 수 있고, 어떤 역할을 해야 하는지 즉, 자아정체감(identity)을 확립해 가는 과정이기 때문에 사회적 인정요구가 매우 강하다. 따라서 이 시기의 부모나 교사의 인정은 인생을 결정하는 중요한 역할을 한다.

2) 성취동기(成就動機; achievement motivation)

성취동기는 도전적이고 어려운 과제를 성공적으로 수행하려는 욕구로서 학생이 탁월한 업적을 이루고자 하는 동기를 말한다. 성취동기는 자신의 능력에 맞는 도전할 만한 가치가 있는 일을 찾도록 하고, 일을 보다 능률적으로 수행하며, 성취해 낼 수 있다는 자신감을 갖게 한다. 성취동기의 강도는 성공에 대한 기대감, 성취감을 느껴본 경험, 성공에 대한 개인적 책임감의 지각 등에 의해 결정된다.

3) 작업동기(作業動機; work incentive)

작업동기는 인간이 일을 하고자 하는 동기로 인간의 가장 강력하면서도 주요한 동기이다. 작업동기는 인간이 작업을 갖기 위한 노력하는 행동을 일으키며, 작업 관련 행동의 형태, 방향, 강도, 지속 기간을 결정하는 역할을 한다. 작업동기는 개인이 자생적으로 발생할 수도 있고, 보수와 격려에 의해 외부 자극에 의해 발생할 수도 있다.

작업동기는 임금을 많이 줄수록 작업동기가 더 강해지며, 짧은 작업시간, 인간관계, 근로자와 상사간의 의사소통 등이 영향을 주며, 직무 내용이 풍부하고, 목표성취, 인정, 책임감, 진급 가능성이 작업동기가 강하게 유발한다.

4) 자기실현동기(自己實現動機; self-realization motivation)

자기실현동기는 자기를 완성하고 자신의 잠재 능력을 실현하려는 동기로, 인간이 가지는 동기 중에서 가장 높은 동기다. 자기실현동기는 생리적 요구와 같은 하위 요구가 부분적으로나마 충족되어야만 행동을 유발하기 때문에 근근히 살아가는 사람에게는 별로 중요한 의미를 지니지 못한다.

나. 내재적 학습동기를 높이는 방법

즐거운 마음으로 학습에 임하는 방법은 학생 스스로 긍정적인 마음으로 학습하고 싶도록 만드는 방법이다. 즐거운 마음으로 학습을 하게 하려면 학생이 자발적으로 학습동기를 높이는 것이 좋다. 내재적 학습동기를 높이는 방법은 다음과 같다.

1) 원하는 목표에 도달하면 자신에게 보상을 해 준다.

예를 들어, 휴식을 취하거나 예전에 갖고 싶은 물건을 사준다.

2) 학습목표를 지인들에게 알려 준다.

예를 들어, 영어 단어 50개를 내일까지 외우겠다는 학습목표를 지인들에게 말함으로써 지키려는 노력 때문에 학습을 하게 된다.

3) 목표에 도달하지 못했을 때 자신에게 벌을 준다.

예를 들어 자신이 목표를 달성하지 못하면 벌로 저녁을 사주겠다는 약속을 친구에게 해두는 것이 좋다.

4) 책상 위에 격려가 되는 말들을 적어둔다.

본인에게 긍정적인 영향을 주는 말들을 적어둔다. 긍정적인 말을 많이 해주는 친구들을 자주 만나는 것이 긍정적인 생각과 동기를 지속하는 데 도움이 된다.

5) 학습하고 있는 과목에 흥미를 가진다.

담당 선생님께 왜 그 분야를 전공하게 되었는지, 그 전공에 있어서 정말로 좋아하는 것은 무엇인지를 물어보아 과목에 대한 이해와 흥미를 가지면 과목에 매력을 느끼게 될 수 있다.

6) 규칙적으로 휴식한다.

한 가지 일을 오래 할수록 효율성이 떨어지므로 규칙적으로 쉬는 것이 좋다. 휴식 중에 장시간 TV를 보거나, 컴퓨터를 한다든지, 친구에게 문자메시지를 보내는 일은 오히려 하지 않는 것이 좋다. 머리가 피곤하면 잠시 눈을 붙이는 것도 좋은 방법이다.

7) 학습 의욕이 높은 친구들과 사귄다.

학교생활에 열정을 갖고 있거나, 자신의 학습 의욕을 고취 시켜 줄 수 있는 친구들과 시간을 많이 갖도록 하라. 그러면 그 친구로부터 긍정적인 모습을 배우게 되면서 자극을 받게 된다.

다. 외재적 학습동기를 높이는 방법

외재적 학습동기는 교사의 지도력에 의해서 갖게 되는 학습동기를 말한다. 외재적 학습동기를 높이는 방법은 다음과 같다.

1) 미래를 꿈꾸게 한다.

예를 들어 목표를 세우고 그것에 도달했을 때를 그려보게 한다. 학생은 성취 만족을 기대하면서 현재의 고통과 갈등을 끈기 있게 극복하려고 노력하게 된다.

2) 과제를 부여한다.

독립심이 약하고 의존성이 강한 학생들에게는 지속적으로 과제를 부여하여 도달하게 한다. 과제를 달성하게 되면 칭찬과 격려로 학습 자체를 성취해 나가는 과정을 즐기고 만족스럽게 한다.

3) 도전성을 갖게 한다.

사람은 어느 정도의 도전하는 일에 흥미를 갖는다. 따라서 항상 목표를 세워주고 목표를 향해 도전하도록 격려한다. 그러나 성취하려는 목표가 자기 능력에 비해 너무 어렵거나 지나치게 모험적일 때도 오히려 포기하게 되므로 목표는 학생의 수준에 맞아야 한다.

4) 자신감을 준다.

학습 습관이 형성되지 않은 학생들은 자신감이 부족하여 학습에 영향을 준다. 따라서 학습에 대한 자신감을 갖도록 장점과 잠재 능력을 찾아 격려와 칭찬을 해준다.

5) 책임감을 갖게 한다.

학습목표와 과제를 주고 그에 대한 결과를 평가하여 그 결과에 대하여 학생이 책임을 지도록 한다. 자신의 과업의 성공과 실패에 대하여 책임지게 함으로 타인에게 의지하지 않고 책임을 지기 위해서 노력하게 한다.

6) 결과에 대한 관심을 가져준다.

사람은 자신이 하는 일에 관심을 가져주면 잘하려는 마음을 가지고 있다. 따라서 학생의 학습에 관련된 모든 것에 대하여 관심을 가져주고 지켜봐 주는 것이 중요하다.

02. 자기효능감을 높인다

자기효능감은 특정한 상황에서 원하는 결과를 얻을 수 있다는 확신을 말한다. 즉, 자기효능감이 높으면 어떤 일을 하든지 자신감을 갖게 될 뿐만 아니라 좋은 결과를 가져오게 된다. 따라서 자기효능감에 따라 어느 정도까지 많은 노력을 기울일 것인지와 많은 장애에도 불구하고 얼마나 오랫동안 그 노력을 지속할 수 있는지를 결정한다. 이러한 긍정적 사고와 행동은 결국 보다 나은 성과로 이어진다.

자기효능감이 높은 사람들은 스트레스, 신경증, 노이로제에 덜 걸리며, 술이나 기타 약물 등에 중독되는 경우도 더 적다.

자기효능감 수준이 높은 학생들이 자기효능감 수준이 낮은 학생에 비해 도전적으로 학습하며 오랫동안 지속하고 보다 성공적으로 수행한다. 특히 자기효능감 수준이 높은 학생들은 도전에 실패할 때 더 큰 노력을 발휘한다고 한다. 따라서 학습 습관을 형성하기 위해서는 반복적 도전과 성공의 체험을 통해 나도 할 수 있다는 자신의 능력에 대한 긍정적 신념을 확대해 나가야 한다.

가. 특징

일반적으로 자기효능감이 높은 학생들이 학습에 대한 자신감을 가지고 있기 때문에 학습을 잘한다. 학습 내용이 어려워도 금방 포기하지 않는다. 반면에 자기효능감이 낮은 사람들, 즉 자신을 부정적으로 보는 사람들은 타인에 대해서도 부정적인 태도를 취하는 경향이 높다. 흔히 남 욕하기를 지나치게 하는 사람이나 일이나 사람에 대해 항상 부정적인 태도로 일관하는 사람은 실제로는 자기효능감이 낮아서 그런 경우가 많다. 즉, 자기효능감이 강한 사람은 모든 일에 대해서 긍정적 사고를 가지고 있으며, 긍정적으로 행동함으로 인해서 학습에 대해서도 긍정적 결과를 낳게 된다.

나. 자기효능감을 높이는 방법

1) 성취 경험

반복된 성공을 통해서 성공 경험이 누적되면 자기효능감이 증가된다. 따라서 학생이 충분히 달성할 수 있는 작은 목표를 부여하고 이를 성취할 수 있도록 격려하면 자아 효능감이 증가한다.

2) 대리경험

다른 사람이 특정 과업에서 성공을 거두게 되는 것을 보게 되면 '나도 할 수 있어'라는 자아 효능감이 증가하게 된다. 따라서 이미 성공한 사람들이나 위인들을 모델링으로 하여 대리 경험하게 해주면 자아 효능감이 증가한다.

3) 언어적 설득

다른 사람 특히 선생님이나 부모, 교사의 격려나 칭찬이 효능감을 증가하게 한다. 따라서 학생에게 학습을 잘 할 수 있다는 것을 확신시키고 설득시키는 것으로 자아 효능감이 증가한다.

4) 정서적 안정

불안이나 공포가 찾아오면 원래의 목적을 달성하기 어렵다. 따라서 학생들에게 시험이나 중요한 일을 앞두고 불안해하면 정서적으로 안정을 취할 수 있도록 격려해주면 자아 효능감이 증가한다.

03. 보상을 한다

새로 배운 행동을 자주 일어나게 하는 자극을 강화물(reinforcer)이라고 한다. 결국 강화물은 동기를 불러일으키게 하는 요인이다. 일차적 강화물은 생리적, 선천적 요구를 만족시키는 자극물로 음식, 공기, 물 등이 있다. 이차적 강화물은 일차적 강화물과 연결되어 학습되거나 조건화된 사회적 인정, 칭찬, 지위 등이 있다.

강화물은 외부에서 주어지는 음식, 돈, 칭찬 등과 같은 외적 강화물과 개인이 스스로 만드는 긍정적인 자기평가와 같은 내적 강화물이 있다. 또한 긍정적인 강화물은 음식, 물, 돈 등으로 적당히 결핍되어있는 사람에게 긍정적인 강화를 일으키고, 부정적인 충격은 충격, 고통, 소음과 같이 사람을 괴롭히는 것은 부정적 강화를 일으킨다.

긍정적 강화는 사람에게 반응을 증가시켜 행동을 자주 일으키게 하여 학습된 기력이라고 하며, 부정적 강화는 반응을 감소시켜 행동을 감소시키는 학습된 무기력을 일으킨다. 심리학자들이 동물이나 사람이 어떤 행동을 학습하도록 할 때 사용하는 강화물로 먹이, 음식, 돈, 칭찬 등을 사용하여 행동을 강화시킨다.

학습된 기력은 어려운 환경에 놓여도 자신의 능력으로 극복하려고 노력하는 것을 말한다. 학습된 무기력은 피할 수 없거나 극복할 수 없는 환경에 반복적으로 노출된 경험으로 인하여 실제로 자신의 능력으로 피할 수 있거나 극복할 수 있음에도 불구하고 스스로 자포자기하는 것을 말한다.

인간은 자신이 능동적이며, 능력이 있다는 생각은 개인에게 커다란 만족을 주며, 안정된 정서를 경험하게 한다. 이러한 정서의 경험이 반복되면 학습된 기력이 된다. 반면에, 자신이 수동적인 존재이며, 능력이 부족한 존재라는 생각은 열등감과 무기력을 느끼게 하고 이것이 반복되면 학습된 무기력이 된다.

인간은 의도적인 행동으로 변경시킬 수 없는 상황을 계속 직면하게 되면 동기나 정서에 상처를 입게 되면서 무기력을 학습하게 된다. 따라서 학습된 무기력을 느끼면 자신에게 좋은 상황이 생겨도 어떤 노력이나 행동을 해도 안 된다는 생각에 의욕을 잃어버리고 포기하게 된다. 이처럼 학습된 무기력으로 인하여 정서적으로 상처를 입게 되면 우울증과 비슷한 증상을 보이며 정신질환에 걸리게 된다. 예를 들어 실패를 계속 경험하게 되면 자신을 더 질책하며, 자신의 능력을 부정적으로 평가한다. 따라서 학습된 무기력을 경험한 사람들은 성공에 대한 기대가 낮을 뿐만 아니라 어떤 일에도 도전하지 않고 자포자기하게 한다.

학습된 무기력에서 탈출하려면 학습된 무기력에서 탈출하는 훈련을 받거나 칭찬과 보상을 통해서 학습된 무기력에 대해 일종의 면역력을 갖게 할 수 있다. 이때 무기력에서 탈출하려는 노력을 보일 때마다 계속 강화물로 보상을 주면 무기력에서 벗어나게 할 수 있다.

04. 칭찬을 한다

수업 도중에 학생에게 주는 칭찬과 격려는 학생들을 수업에 적극적으로 참여하게 하는 힘을 가지고 있다. 비록 질문에 대한 학생들의 대답이 기대한 것이 아니거나 발표가 기대치에 미치지 못했다 하더라도 일단 학생의 의견이나 노력을 인정하고 칭찬과 격려해야 한다. 즉, 학생들의 반응을 존중하는 것이 중요하다. 학생은 교사의 칭찬과 격려를 받고 난 뒤에 하나의 인격체로 존중받는 느낌을 받게 되고 나머지 수업에도 열심히 참여하게 된다.

칭찬하면 먼저 떠오르는 생각이 '칭찬은 고래도 춤추게 한다.'이다. 칭찬의 효과가 얼마나 크면 바다에서 헤엄치고 먹이나 먹고 다니던 고래를 춤추게 하는 것일까? 사람도 마찬가지이다. 일상생활에서 어찌 보면 우리는 칭찬을 받기 위해 세상을 살아가는지도 모른다. 다른 사람으로부터 인정받고 칭찬을 듣는 욕구들은 성인도 무시할 수 없다.

학습 현장에서도 마찬가지이다. 학생들도 교사의 칭찬, 부모님의 칭찬을 듣기 위해 열심히 학습한다. 따라서 이러한 칭찬의 기술을 교육장에서 적절히 사용한다면 그 효과는 크게 기대해볼 만하다. 실제로도 칭찬을 통한 학습은 알게 모르게 진행되어왔고 그 효과성 또한 어느 정도 있다고 할 수 있다.

칭찬은 그 어떤 교육 도구보다도 학생들의 행동을 변화시키기에 쉽고 빠른 수단이라는 점에서 이용되기 적당하다. 이러한 칭찬 교육을 적절히 사용한다면 칭찬을 통해서 학생들의 학습 능력을 향상시키고 교사와 학생 간의 유대관계를 깊게 할 수 있을 것이다.

칭찬은 기본적으로는 학생의 긍정적인 발달을 유도해 내는 데 목적이 있다. 칭찬을 들음으로써 학생은 자신이 괜찮은 사람이라는 인식을 갖게 되거나, 자신의 행동이 권위 있는 선생님으로부터 인정받는다는 생각을 할 수 있다. 교사의 칭찬은 이처럼 순수하게 학생에게 만족감을 주고 성장을 촉진하는 자극제로 주어져야 한다.

이러한 것들을 볼 때 특히 행동주의 입장에서는 칭찬을 통해 바람직한 행동을 유발하게 할 수 있다고 했다. 따라서 진심 어린 격려와 칭찬만큼 탁월한 교육적 처방이 없다.

가. 칭찬의 장점

1) 학습동기를 고취시킨다.

어렸을 때 우리가 '참 잘했어요.' 도장을 받으려고 과제를 열심히 해 갔던 기억들이 있을 것이다. 이런 조그만 강화에도 학생들은 의외로 학습에 대한 동기유발이 가능하다. 이러한 동기유발은 교육에 있어서 무엇보다 중요한 요소로 작용한다고 생각한다. 그러나 학습동기만 고취시킨다면 칭찬이 없어졌을 시에는 학습에 대한 흥미가 떨어질 수 있다. 따라서 칭찬을 통해서 내적인 동기유발이 가능하도록 해야 한다. 스스로 배움의 기쁨, 즐거움에 대해 느껴 보고, 스스로 학습에 대한 동기 부여가 가능하도록 하고 또한 학습을 지속할 수 있도록 해야 한다.

2) 칭찬을 통해 자발적인 질문, 응답률을 높인다.

학생들 스스로 질문을 하고 교사가 묻는 말에 대해서 스스로 손을 들어 대답하는 학생은 그리 많지 않다. 칭찬을 통해서 스스로 질문하고 응답하는 시스템을 만들어 나갈 수 있다면 학습할 때 자신이 학습의 주체가 된다는 느낌에 학습에 대한 성취감은 물론 학습효과 또한 높아질 것이다.

3) 칭찬을 통해 학생의 자신감을 높인다.

칭찬은 학생으로 하여금 자신감을 갖게 해준다. 불확실한 믿음이나, 미숙함 등을 갖고 있을 때 누군가가 칭찬해 준다면, 학생은 자신감을 갖게 된다. 공부를 잘하는 학생들은 자신감이 넘친다. 항상 당당하며 자신에 대해서 만족하는 성향을 보인다. 따라서 칭찬을 통해 자신감을 높여 주면 학습뿐 아니라 사회생활을 할 때도 당당하게 할 수 있을 것이다.

4) 학습이 즐겁다는 생각을 가지게 한다.

학습이 즐겁다는 생각을 가지게 하는 것은 학습의 궁극적인 목표라 할 수도 있다. 지속적인 칭찬으로 학습이 즐겁고, 교사가 좋고, 친구들이 좋다는 생각을 가지게 된다면 좁게는 학교는 가고 싶은 곳으로 인식 될 수 있고 넓게는 학습하는 것은 즐거운 것으로 인식이 가능하다.

이러한 것들을 종합해서 본다면 결론적으로 제일 중요한 것은 칭찬을 통해서 학습에 대한 학생의 자발성, 학습동기를 유발한다는 것이다. 이것을 통해서 학생은 스스로 만족하고 자발적인 학습이 가능하여 학습효과를 강화할 수 있다.

나. 칭찬하는 방법

1) 평범하고 쉬운 칭찬부터 시작한다.

칭찬의 시작은 가장 하기 쉬운 칭찬부터 시작하는 것이 좋다. 학생이 매번 잘해오던 일이어서 당연히 그러려니 했던 사소한 일부터 하나하나 칭찬하는 것이 중요하다.

2) 왜 칭찬하는지 이유를 말해준다.

칭찬할 때는 구체적으로 이유를 말해주는 것이 중요하다. 이렇게 해야 학생은 어떤 이유로 자신이 칭찬받았는지 분명하게 알 수 있고 이후에도 같은 행동을 계속하게 된다. 예를 들어 교사가 주어진 목표를 학생이 달성했을 때 "잘했어."라고 말할 수 있다. 반면 목표를 주지 않았는데 학생 스스로 목표를 세워 도달했다면 "대단하다. 그럴 줄 알았어."라는 식으로 짚어가며 칭찬을 할 수 있다.

3) 칭찬은 일관성이 있어야 한다.

칭찬하는 사람이 일관된 규칙에 따라 칭찬하지 않고 자신의 기분과 감정에 따라 달리하면 칭찬의 효과는 감소 된다. 만약 동일한 행동에 대해 누구는 칭찬하고 누구는 칭찬하지 않는다면, 또는 어떤 때는 칭찬하고 어떤 때는 비난한다면 학생은 혼란을 느끼게 된다.

4) 성공한 결과보다는 과정을 칭찬한다.

결과에만 초점을 맞추어 칭찬하게 되면 대화 과정 동안 초조감을 느끼기 쉽다. 그리고 열심히 수행하다가도 일이 제대로 성사되지 않으면 좌절을 느끼기 쉽다. 따라서 과정도 중요하다는 칭찬을 해주어 결과가 나쁘더라도 현재의 상황에 만족할 수 있게 해주어야 한다.

> 例 결과를 중시한 칭찬 : "네가 목표를 달성하여 나는 매우 기쁘다."
> 과정을 중시한 칭찬 : "네가 이렇게 목표가 달성한 것은 지금까지 고생을 한 대가다."

5) 말뿐만 아니라 몸으로 칭찬해 준다.

칭찬을 말로만 하면 학생은 칭찬을 농담으로 생각하기 쉽다. 칭찬이 진실된 것처럼 인식하게 하려면 몸으로도 칭찬해야 한다. 때로는 열 마디 말보다

몸짓 하나가 더 강렬하고 함축적인 의미를 표현할 때가 있다. 학생의 손을 꼭 잡아주거나, 따뜻하게 꼭 안아 주기, 정감 어린 눈빛 보내기 등 다양한 방법으로 표현할 수 있다. 이런 행동에는 "나는 너를 믿는다.", "지금 너의 행동이 너무 자랑스럽다."라는 말이 포함되어 있다는 걸 학생이 느끼게 해야 한다.

6) 즉시 칭찬해 준다.

칭찬에도 적절한 타이밍이 있다. 칭찬받을 행동을 했을 때 즉시 칭찬해주는 것이 가장 좋고 효과도 크다. 즉시 칭찬하지 않고 한참 지난 후에 학생의 기분이 좋아졌을 때 칭찬하면 그 의미는 반감되며 교사의 기분이 좋아져야 칭찬을 듣는다고 생각할 수도 있다. 그래서 행동할 때 학생의 감정 상태부터 살피는 역효과가 나타나기도 한다.

7) 스스로 한 일에 대해서는 더욱 많이 칭찬한다.

칭찬을 많이 하려는 이유 중의 하나는 학생이 스스로 공부하게 하려는 데 있다. 그러므로 교사가 학생에게 시키지 않았는데도 원하는 행동을 스스로 알아서 했을 때는 더욱 많이 칭찬해주는 것이 좋다.

8) 공개적으로 칭찬하거나, 다른 사람을 통해 칭찬한다.

여러 사람 앞에서 칭찬하거나, 또래들이 칭찬해주는 등 전략적으로 칭찬해주는 것은 하나의 본보기이기 때문에 그 효과를 한층 높여 준다. 공개적인 칭찬은 자존감과 자긍심을 높이고 대인관계를 좋게 만드는 효과가 있다. 그래서 공개적으로 칭찬받는 학생은 자기의 일에 더욱 책임을 지고 열심히 하게 된다. 공개적인 칭찬 후 친구들이 박수치며 축하해 주면 효과는 더 커진다. 또한 학생이 없는 데서 다른 사람이 칭찬해 준 것을 본인이 슬쩍 알게 되면, 더 극적 효과를 가져올 수 있다.

9) 약속을 지켰을 때도 칭찬은 필수다.

보통 자신이 정한 일을 잘 따라주었을 때는 칭찬을 해주지만, 하지 말라고 한 일을 하지 않았을 때는 당연하게 칭찬해주어야 한다. 그래야 학생의 행동이 지속될 수 있다.

10) 너무 잦지 않게, 적정 양의 칭찬으로 자발성과 자신감을 키워준다.

너무 자주 칭찬을 듣는 학생은 칭찬을 일상의 일로 가볍게 들어 넘기기 때문에 그 효과가 떨어지고, 또한 수동적인 성향을 갖게 되어 해로울 수 있다. 지나치게 많이 칭찬받으며 자란 학생은 칭찬이 없는 상황에서는 아무 반응도 하지 않으려고 한다. 자발성 육성과 자신감 촉진을 위해서는, 각 학생에게 너무 많이는 말고, 골고루 합리적이고 전략적으로 칭찬해주어야 한다.

11) 먼저 칭찬하고 나중에 꾸짖기 / 먼저 꾸짖고 나중에 칭찬하기

칭찬 효과를 극대화시키려면 칭찬에 앞서 꾸지람을 듣거나, 혹은 칭찬하고 난 뒤에 고쳐야 할 점을 꾸짖는 등 양면의 전략을 적절하게 사용하면, 칭찬도 꾸지람도 더 효과적일 수 있다. 예를 들면 그냥 꾸짖으면 그것이 잔소리로 들리지만, "너는 이런 면에서는 참 좋은데, 약간 이런 면들은 고쳐져야 할 것 같다"라고 좋은 말을 먼저 듣고 주위를 환기시킨 다음 고칠 점을 말하면 더 효과적이다.

다. 칭찬의 부정적인 면

칭찬이 이러한 좋은 점만 있는 것은 아니다. 무조건적인 칭찬은 오히려 독이 될 수 있다. 칭찬을 많이 받는 사람들은 칭찬에 의존하게 되고, 심지어 칭찬받지 않으면 학습의 의욕이 없어지며 칭찬을 요구하는 부정적인 현상들도 일어나게 된다.

학생의 학습 의욕을 높이기 위해 의도적으로 칭찬할 경우, 그것을 학생이

알아차리면 서로 간에 불신 관계가 형성 될 수 있다. 또한 칭찬받지 못한다는 것은 교사가 자기에 대해서 부정적인 평가를 내린 것이라고 생각할 수 있다.

05. 주의집중력을 키운다

주의집중력이란 마음이나 주의를 한곳으로 모으는 힘을 말한다. 즉, 한정된 시간 동안 지속적으로 한곳에 모든 마음을 기울이고 몰입하는 능력이다. 학습할 때의 주의집중력이란 주변에서 어떤 일이 일어나든지 의식적으로 자신의 주의력을 한곳 즉, 학습하는 데에만 기울이는 능력을 말한다.

주의집중력이 부족하면 금세 끝마칠 수 있는 학습도 오랜 시간 붙들고 있게 되고, 학습 중에는 멍하니 딴생각에 빠져 있거나, 좀 전에 학습한 것을 금방 잊어버리거나, 의자에 잠시만 앉아 있어도 몸을 비튼다.

대부분의 사람들이 주의집중력은 선천적으로 결정되기 때문에 변화시킬 수 없다고 생각하지만, 사실 주의집중력은 훈련을 통해 향상시킬 수 있다. 주의집중력이 높아지면 자신의 심리적 환경이나 물리적 환경을 스스로 조성하거나 방해하는 환경을 조절할 수 있다.

인간에게 있어서 주의가 집중되도록 하는 요인에는 외부적인 요인과 내부적인 요인이 있다.

가. 외부적인 요인
외부적인 요인에는 강도, 크기, 대조, 반복, 움직임 등이 있다.

1) 강도
강도는 센 정도를 말한다. 자극의 강도가 셀수록 인간은 주의를 집중하게 된다. 예를 들어 여러 사람이 이야기할 때 가장 목소리가 큰 사람의 이야기에 집중하게 된다. 말을 할 때도 부드럽게 하는 것보다 강하게 말하는 것에 더욱 주의를 기울이게 된다.

2) 크기

크기는 사물의 넓이, 부피, 양 따위가 큰 것을 말한다. 자극의 크기가 클수록 인간은 주의를 집중하게 된다. 예를 들면 작은 글씨보다는 큰 글씨에 주의를 집중하게 된다. 그래서 '목소리 큰 사람이 이긴다.'라는 말이 생겨났다.

3) 대조

대조는 둘 이상인 대상의 내용을 비교하여 같거나 다름을 검토하는 것을 말한다. 인간은 어떤 대상이 새롭거나, 다른 대상들에 비하여 특징이 있으면 주의를 집중하게 된다. 예를 들면 모두 군복을 입은 군인들 사이에 사복을 입은 민간인이 있으면 민간인에 집중하게 된다.

4) 반복

반복은 똑같은 것을 여러 번 하는 것을 말한다. 인간은 똑같은 것이라도 반복하게 되면 주의를 집중하게 된다. 예를 들어 똑같은 말을 여러 번 하게 되면 그 말에 집중하게 된다.

5) 움직임

인간은 물체의 움직임에 대해 즉각적으로 집중하게 된다. 예를 들어 전광판에서 움직이는 글씨에 대해 주의를 집중하게 된다. 그래서 간판 중에는 움직이는 글씨를 활용한 간판이 많다.

나. 내부적인 요인

주의의 방향을 결정하는 내부요인에는 동기, 준비, 흥미가 있다.

1) 동기

동기는 어떤 일이나 행동을 일으키게 하는 계기를 말한다. 인간은 동기가 있으면 주의 집중을 하게 된다. 예를 들어 갈증이 심한 사람은 갈증을 해소해 줄 수 있는 대상에 주의를 집중하게 된다.

2) 준비

준비는 미리 마련하여 갖추는 것을 말한다. 인간은 준비할수록 주의 집중을 하게 된다. 예를 들어 중요한 사람을 만나기 위해서 준비를 많이 할수록 만나서 주의를 집중하게 된다. 즉, 어떤 자극에 반응할 준비를 하고 있으면 그 자극에 쉽게 주의를 집중하며, 그 특성들을 빨리 분석하고, 정확히 판단할 수 있게 된다.

3) 흥미

흥미는 흥을 느끼는 재미를 말한다. 인간은 자기가 관심을 갖고 있는 것에 대해서 다른 것보다 쉽게 주의를 기울여 듣게 된다. 예를 들어 자신이 힘들 때는 여러 사람 중에서 힘든 사람에 주의를 집중하게 된다.

다. 집중력을 높이는 방법

집중력은 학습하는 데 있어서 듣기, 읽기, 기록하기, 시험 보기와 같은 정신활동에 있어 매우 중요한 역할을 수행한다. 집중력이 높아지면 한번 읽은 것도 모두 머릿속에 기억될 뿐만 아니라 학습하는 데도 시간이 가는 줄 모르고 빠져들게 하여 학습 능력을 키우는 데 더할 나위 없이 중요한 능력이다.

공부를 잘하는 사람일수록 학습에 집중하는 능력이 탁월하며, 학습 시간도 절약됨은 물론 공부를 완벽하게 할 수 있다. 그러나 공부를 못하는 사람일수록 학습에 집중하는 능력이 부족하기 때문에 시간도 많이 걸리지만, 공부를 건성으로 하게 된다. 학습에 대한 집중력은 습관의 결과이다.

집중력을 높이는 방법을 보면 다음과 같다.

1) 공부하는 자세가 중요하다.

공부하는 데 집중력을 높이기 위해서는 바른 자세로 앉아서 하는 것이 좋다. 눕거나 엎드려서 하는 등 자세가 안 좋으면 당연히 집중력이 떨어지게 된다. 그만큼 의자도 바른 자세로 앉아 있기 위해 의자 선택도 중요하다.

2) 잠을 잘 자야 한다.

잠을 제대로 자지 못하면 뇌의 활동이 활발하게 활동하지 못해 졸음만 올뿐 제대로 집중력을 발휘하지 못한다. 잠을 잘 때도 올바른 자세와 숙면을 해야 한다.

3) 건강해야 한다.

신체가 건강하지 못하면 어떤 방법으로도 집중력을 높일 수 없다. 신체가 건강하기 위해서는 충분한 영양 섭취와 운동이 필수적이다. 체력이 받쳐 줘야 집중력도 발휘할 수 있다. 운동을 할 수 없다면 최소한 규칙적으로 자고 먹는 생활이라도 해야 한다.

4) 집중할 수 있는 시간을 정한다.

공부에 집중하기 위해서는 먼저 외부의 방해를 받지 않거나 자신의 신체 리듬과 맞는 일정한 시간을 정해놓아야 한다. 사람에 따라서 늦은 밤에 집중력이 높아지는 사람이 있고, 새벽에 집중력이 높은 사람이 있다. 스스로 심야형인지 새벽형인지를 파악하여 자신에게 맞는 시간을 활용해야 한다. 만약 심야형이 새벽을 이용해서 집중하려고 하면 오히려 집중력이 떨어진다.

5) 학습장소를 바꿔본다.

매일 집에서 공부하다 집중이 안 되면 학습장소를 도서관 같은 곳으로 바꾸는 것은 긴장감을 주어서 공부에 집중할 수 있게 해준다. 도서관은 조용한 분위기를 유지하고, 공부하는 사람들이 많기 때문에 적당한 경쟁심이 생겨 집중하기에 좋은 환경이다.

6) 앞쪽에 앉는다.

앞쪽에 앉을수록 주변에 신경을 쓰지 않을 수 있어서 수업에 집중하기 좋다. 뿐만 아니라 선생님들과 의사소통할 수 있는 시간이 많아지고 친분을 갖기가 쉬워 공부가 즐거워지게 된다. 통계적으로 앞쪽에 앉은 학생일수록 성적이 높다.

7) 수업 시작하기 전 5분 전에 먼저 앉고 수업 종료 후 5분 뒤에 일어난다.

공부에 집중하기 위해서는 수업 시간 5분 전에 착석하여 그날 배울 내용들을 개략적으로 예습한다. 수업이 끝나면 바로 일어나지 말고 노트를 중심으로 그날 학습한 내용을 정리해 본다. 기억에 관한 연구에 따르면, 수업 직후 10분간의 복습이 나중에 하는 10시간의 학습효과와 동일하다고 한다.

8) 궁금하면 바로 질문한다.

수업 중에 궁금증을 남기면 공부할 때 머릿속에서 궁금증이 떠나지 않아 공부하는 데 방해가 될 수 있다. 따라서 궁금한 것이 있으면 바로 질문하여 답변을 들으면 바로 문제를 해결할 수 있을 뿐만 아니라 알고 싶었던 것이기 때문에 기억에도 오래 남는다.

라. 주의집중력을 방해하는 요인

주의집중력은 말 그대로 한곳에 온 정신을 몰두하는 것이다. 하지만 우리 주변에는 주의집중력을 방해하는 요소가 많다. 예를 들어 핸드폰, 텔레비전, 컴퓨터, 친구와 같은 외부적인 요소나 실망, 걱정, 흥분과 같은 내부적인 요소들은 온전히 우리가 한곳에 집중할 수 없도록 한다.

실제로 학생들은 수업을 듣는 도중 집중력을 떨어뜨리게 하는 유혹을 받아봤던 학생은 많다. 공부를 잘하는 학생들도 유혹을 받지만, 이들은 스스로 자신을 유혹하는 것이 무엇인지를 정확히 알고 문제를 해결하기 위해 노력하였기 때문에 지금의 위치에 와 있는 것이다.

수업에 열중하겠다고 마음먹었다면 자신의 수업을 방해하는 유혹하는 것들을 찾아서 제거해야 한다. 수업 중에 주의집중력을 높이기 위해서는 우선 주의집중력을 방해하는 요소가 무엇인지 파악하고 이를 제거하는 노력부터 해야 한다. 다음은 주의집중력을 방해하는 요인을 환경적 요인, 심리적 요인, 학습적 요인, 신체적 요인, 외부적 요인으로 구분한 것이다.

〈표 5-1〉 주의집중력을 방해하는 요인

구분	내용	
환경적 요인	•정리되지 않은 공간 •불쾌한 환경	•사람에 의한 방해 •소음
심리적 요인	•무기력한 태도 •건망증 •우유부단함 •과도한 의욕 한 걱정	•개인적 혼란 및 걱정 •다른 사람의 말을 못 알아들음 •실천력 부족 •일어나지 않은 일에 대한 과도
학습적 요인	•완수하지 않은 공부의 방치 •매사 불분명한 정의 •불분명한 목표	•과도한 공부 •뒤로 미루는 습관 •엉성한 계획

신체적 요인	•피로	•수면 부족
외부적 요인	•불필요한 대화 •우선순위의 변경과 충돌 •핸드폰 •음식 •부모의 심부름	•커뮤니케이션 부족 •컴퓨터 게임 •텔레비전 •놀이 •분쟁(다툼)

위의 표를 보고 자신의 집중력을 방해하는 요소가 무엇인지를 체크하여 주변에서 하나둘씩 제거해 나가다 보면 결국 주의 집중을 쉽게 할 수 있게 된다.

06. 긍정적 사고를 한다

학습에 대해서 긍정적인 생각을 가지면 학습이 재미있어지고 학습하는 동안 즐겁지만, 학습에 대하여 부정적인 생각을 가지면 어쩔 수 없이 해야 하는 것이라고 생각하기 때문에 학습하는 동안 마음이 편할 수 없다. 따라서 학습에 대한 생각을 바꾸어야 한다. 학습에 대해서 긍정적인 마음을 가지고 하게 되면 학습을 즐겁게 할 수 있는 마음이 생긴다. 학습에 있어서 긍정적 사고를 하게 하려면 다음과 같이 한다.

1) 공부를 잘하려고 하지 말고 공부를 즐긴다.

옛말에 천재는 열심히 공부하는 사람을 이길 수 없고, 열심히 공부하는 사람은 공부를 즐기는 사람을 이길 수 없다고 하였다. 공부도 그렇다. 머리가 좋아 공부 잘하는 학생들은 공부를 열심히 하는 사람을 이길 수 없다. 천재들이나 전문가들은 자기들이 최고라는 생각에 최선을 다하지 않기 때문이다. 그러나 열심히 공부하는 사람들은 최선을 다해 공부하기 때문에 당연히 더 잘할 수밖에는 없다.

문제는 사람은 일관되게 살지 못하기 때문에 영원히 최선을 다하기는 어렵다는 것이다. 공부를 열심히 하는 사람은 공부를 즐기면서 하는 사람을 이길 수 없다. 따라서 어떤 공부를 하든지 공부를 즐기면서 하는 사람은 같은 시간에 더 많은 공부를 할 수 있을 뿐만 아니라, 오랫동안 해 나갈 수가 있다.

공부할 때는 열심히 하려는 생각도 중요하지만, 공부를 즐기려는 마음을 가지고 시작하면 오랫동안 즐겁게 공부를 할 수 있어서 공부의 효율성이 증가하고 시간을 단축할 수 있다.

2) 긍정적인 생각으로 시작한다.

아무리 좋은 학습이라도 자신이 부담스러워하고 부정적으로 생각한다면 학습이 즐거운 것이 아니라 짜증나는 일이 된다. 그러다 보면 자연적으로 학습을 회피하게 되고, 결국은 공부하기 싫어하게 된다.

그러나 아무리 힘든 공부라도 즐거운 공부라고 생각하면 즐거운 일이 될 수 있다. 따라서 어떤 공부든 마음먹기에 따라 달라진다는 것이다. 누가 봐도 공부하면서 부정적인 생각을 가지고 투덜대거나 짜증을 내서는 목표에 도달하고도 나서도 좋은 소리를 듣기가 어렵다. 그리고 부정적인 생각을 많이 가질수록 공부를 수행하는 시간이 많이 걸린다. 따라서 공부를 시작하게 된다면 모든 공부를 긍정적으로 생각하고 해야 한다. 긍정적인 생각을 가지고 공부를 해야 학습에 대한 효율성이 높아지며, 공부 효과도 높다.

3) 피할 수 없으면 즐긴다.

세상을 살다 보면 자기가 하고 싶은 일만 하면서 살 수는 없다. 때로는 원하는 일을 만나기도 하지만, 죽기 싫을 정도로 하기 싫은 일도 있다. 문제는 싫은 일을 만나면 일의 진척은 당연히 없을뿐더러 일에 대한 스트레스를 받게 되어 시간을 무의미하게 보내게 될 것이다.

평소에 자기가 좋아하던 일을 하는 것은 전혀 문제가 아니지만, 하기 싫은 학습을 하게 되면 사람들은 반사적으로 피하고 싶은 욕구를 가지게 된다. 피할 수 없는 환경인데 피하려고 하면 모든 학습이 고통스럽기만 하다. 따라서 이왕 해야 할 공부라면, '조금만 참으면 공부가 끝난다.'던지, '조금만 참으면 좋은 세상이 온다.'는 생각을 갖게 되면 아무리 힘든 공부라도 금방 끝낼 수 있다.

07. 성취감을 높인다

성취감이란 목적(目的)한 바를 이루었을 때의 만족감을 말한다. 성취감을 못 느껴본 학생들은 학습을 해도 행복하지가 않다. 아니 오히려 학습이 지겹다고 느끼게 된다. 학습이 지겹다고 느끼는 이유는 학습하는 진정한 목적은 간과한 채 그저 성적만을 높이기 위한 공부를 하기 때문이다. 수학 공부를 할 때 무조건 공식을 외우거나 반복해서 문제를 풀어서는 실력이 늘지 않는다. 그러나 공부하는 것 자체에 즐거움과 성취감을 갖게 된다면 성적향상은 시간문제다.

공부에 대해서 성취감을 느낀 학생들은 공부가 재미있어지고 공부를 하는 동안 즐겁다. 그러나 성취감을 느껴보지 못한 학생들은 공부를 해도 좋은 것을 모른다. 게임이 중독성을 갖게 하는 중요한 원리가 바로 짧은 시간에 성취감을 지속적으로 느끼게 해주기 때문이다. 따라서 공부에 대한 성취감은 공부를 즐겁게 하고 자신감을 고취 시켜, 공부에 대한 의욕을 불러일으키는 효과가 있다. 따라서 공부에 대한 생각을 바꾸어 주기 위해서는 성취감을 느끼게 하여 나도 할 수 있다는 자신감을 키워주어야 한다.

성취감을 높이는 방법은 다음과 같다.

- 학생이 답할 수 있는 것들을 골라 질문이나 토론하고 그 결과에 대한 피드백을 준다.
- 달성 가능한 작은 목표를 교사와 학생이 같이 세운 후 학생이 목표에 도달할 때는 칭찬을 해줌으로 성취감을 맛보게 한다.

- 학생이 좋아하는 것을 가지고 목표에 도달했던 경험을 이야기하게 하며 성취감을 느끼게 한다.
- 학생에게 자기 자신의 자랑거리나 장점을 발표하게 한다. 자기를 자랑하려면 이미 해보았던 것으로 성취감을 느껴보았던 것이기 때문에 쉽게 말할 수 있다. 뿐만 아니라 장점을 이야기하게 하면 말하는 학생도 즐거워하게 한다.
- 간단한 운동이나 율동을 하게 하고, 잘하면 칭찬해 주어 성취감을 느끼게 한다.
- 지금까지 미뤄두었던 귀찮은 일이 무엇이었는가를 물어서 그 일을 처리하도록 해서 성취감을 얻는다.
- 성취감을 못 느껴본 학생에게는 처음부터 긴 시간의 학습보다 짧은 시간 안에 할 수 있고 양을 학습하도록 한다.

08. 기억력을 높인다

기억(記憶)은 사람이나 동물 등의 생활체가 경험한 것이 어떤 형태로 간직되었다가 나중에 재생 또는 재구성되어 나타나는 현상을 말한다. 즉, 기억은 이전의 인상이나 경험을 의식 속에 간직했다가 다시 불러내서 활용하는 것을 말한다.

기억은 우리가 세상을 살아가는 데 필수적인 능력이다. 만약 우리에게 기억이 없다면 매일 만나는 부모도 몰라볼 뿐만 아니라 학교에서 아무리 좋은 교육을 시켜도 기억에 남는 것이 하나도 없기 때문에 아무런 의미가 없다. 배운 것을 모두 잊어버린다면 사회는 혼란에 빠지게 되고, 발전도 할 수 없기 때문에 기억은 매우 중요하다.

기억은 감각기관을 통해서 정보를 입수하고 저장한 후, 필요할 때 불러내는 일련의 과정을 말한다. 따라서 저장되었지만 필요할 때 불러올 수 없는 것은 기억이라 할 수 없다. 기억이 이루어지는 곳은 인간의 뇌 중에서 해마라는 부분으로, 이곳의 신경 세포가 자극을 받게 되면 기억으로 뇌에 각인된다.

가. 기억의 단계

기억은 인간의 복잡한 활동들의 결과로 무엇이 학습되고, 얼마나 잘 학습되느냐 하는 것은 우리가 정보에 어떻게 주의를 기울이고, 어떻게 약호화하고, 어떻게 해석하느냐에 달려 있다. 따라서 학습과 기억의 효율성을 증가시키는 방법은 인간의 기억체계의 한계를 넘어 오랫동안 기억할 수 있게 해준다. 기억 단계는 컴퓨터의 정보처리 과정과 같이 입력하기, 저장하기, 불러오기의 3단계의 과정을 거친다.

1) 입력하기

오감을 통하여 뇌를 자극하게 되면 자극으로부터 받아들여진 정보들이 기억의 공간에 입력된다. 즉, 외부의 정보가 머릿속으로 들어오는 단계로 부호화 단계라고도 한다. 외부의 자극을 기억하기 위하여 부호로 바꾸어야 한다는 의미에서 부호화 단계라고 한다. 따라서 어떠한 내용을 기억하기 위해서는 먼저 기억하고자 하는 내용에 대하여 주의를 집중하고 이해하기를 통해 뇌를 자극해야 한다.

2) 저장하기

입력된 정보를 머릿속에 저장해 두는 상태로 대부분의 사람들이 시간이 지남에 따라 망각곡선에 의하여 입력된 내용들을 기억하지 못하게 된다.

3) 불러오기

저장된 내용들을 필요한 때 불러오는 단계로 인출단계라고도 한다.

나. 기억의 종류

기억은 인식, 기간, 방법, 내용에 따라 여러 종류로 나뉜다.

1) 인식에 따른 분류

기억력은 성장기별로 초등학교 저학년에는 무조건적으로 외우는 기계적 기억이 발달하지만, 초등학교 고학년으로 접어들 무렵에는 이해하고 외우려는 논리적 기억이 우세해진다. 따라서 어릴수록 단순 암기에, 나이를 먹을수록 단순 암기보다는 논리적 기억에 의존하는 경향이 있다. 중요한 것은 학습과 관련된 암기 전략이 거의 도식적 기억에 의존하기 때문에 학습의 견지에서 보면 단순한 기억을 강요하는 무조건적인 암기는 바람직하지 않다.

① 기계적 기억

문제의 뜻을 파악하지 않고서 암기했다가 재생시키는 일을 말한다. 무의미한 문제나 단편적 지식인 인명·지명·상품명·연도·전화번호 등은 기계적으로 기억해야 한다. 이 경우에는 반복해서 읽는 방법으로 암기한다.

② 논리적 기억

문제의 뜻을 잘 파악해서 명기했다가 재생시키는 일을 말한다.

③ 도식적 기억

문제의 뜻을 파악하는 대신 이를 일정한 순서나 틀에 맞추어 암기했다가 재생시키는 일을 말한다.

2) 기간에 따른 분류
① 감각 기억

전에 감각을 통해 무의식적으로 받아들여졌던 정보들이 머릿속에 머물러 있다가 갑자기 기억되는 것을 말한다. 예를 들면 매우 피곤할 때 이전에 들은 말이 환각처럼 들리는 것 따위다. 또는 어디서 본 듯한 느낌이 드는 것도 마찬가지다.

감각 기억은 보고 들은 후 그것이 1초 이하로 잠시 머릿속에 머물러 있다가 사라진다. 귀를 통한 기억은 눈을 통한 기억보다 오래가지만, 귀로 듣는 정보는 눈으로 보는 속도를 따라갈 수 없다.

감각 기억의 용량은 비교적 커서 어떤 장면을 보게 되면, 나중에 기억한 것을 재생할 때보다 훨씬 많은 정보를 순간적으로 수용한다. 그러나 감각 저장의 용량이 크지 않기 때문에 쉽게 소거된다.

감각 기억에 있던 정보는 단기 기억으로 넘어가며, 보통 20~30초 동안 단기 기억으로 저장된다. 단기 기억으로 유지되는 동안에 반복하여 시연된 정보는 장기 기억으로 넘어가지만, 그렇지 못한 정보는 망각 된다. 정보가 일단 장기 기억에 저장되면 비교적 영구적으로 기억된다.

② 단기 기억

단기 기억은 임시로 또는 단기간 필요한 정보를 입력하고 저장하여 재생하는 기억을 말한다. 전화번호, 오늘 가야 하는 약속 장소까지의 도로 노선 같은 것들을 약 15~20초 정도 기억하는 것이다. 전화번호가 대개 9~11자리로 되어 있는 것도 이 때문이다. 보통 단기 기억에 저장될 수 있는 용량은 2~7개의 항목으로 단기 기억의 용량은 아주 제한적이기 때문에 주의를 기울이지 않으면 잊어버리게 된다.

어떤 정보를 단기 기억에 집어넣으려면 먼저 그 정보에 주의 집중을 해야 한다. 주의는 선택적으로 이루어지므로, 감각 기억의 대부분의 정보는 소실되고 주의 집중을 받은 정보만이 단기 기억으로 들어온다. 정보가 감각 기억에서 단기 기억으로 넘어올 때 단기 기억에 적절한 형태의 부호로 약호화가 일어난다.

따라서 듣고 본 것을 기억에 오래 남기려면 바로 메모하는 습관을 들여야 한다.

③ 장기 기억

장기 기억은 보통 기억이라고 부르는 것으로 거의 무한한 용량을 가지고 있으며 기억 기간도 영구적이다. 예를 들면 초등학교 때의 친구들을 오랜 시간이 지나도 기억할 수 있는 것은 장기 기억 덕분이다. 그러나 모든 기억들이 장기 기억이 되는 것은 아니고, 자주 반복 기억하거나 체계적으로 정리해서 저장한 것은, 가끔 재생해 보아야 시간이 지나도 잊어버리지 않는 장기 기억이 된다.

3) 방법에 따른 분류
① 경험 기억
주로 과거의 경험에 연결된 기억으로 학습을 한 다음 시험을 보기 위해 사용하는 기억이다. 초등학교 저학년 때까지만 해도 무조건 외우는 기계적인 기억을 하지만, 초등학교 고학년으로 갈수록 경험 기억에 의존한다.

② 운동 기억
운동할 때 속도나 방향 등 자기 몸의 감각을 통해 새겨 두는 것으로서, 공을 던지거나 자전거를 탈 때 자신도 모르게 몸이 균형을 맞추는 기억을 말한다. 운동에서 자기만의 변칙적인 자세가 잡히면 나중에 바른 자세로 고치려고 해도 쉽게 고쳐지지 않는 이유가 된다.

③ 지식 기억
머리로 외우는 기억으로 전혀 연관관계가 없는 지식을 암기할 때 사용한다. 특히 시험공부를 할 때 언어나 구구단처럼 의미 없는 기호, 기존 정보와 연결이 없는 지식을 받아들일 때 유용하다. 중학생 때 가장 발달하기 때문에 벼락치기 형태의 임기응변식 시험공부 방법이 자연스럽게 나타난다. 그러나 무조건 암기하는 방식이 중학교까지는 가능하지만, 고등학교 이후부터는 이해하지 않거나 지속적으로 공부하지 않으면 효과가 생기지 않는다.

나이가 들어서 암기력이나 기억력이 떨어졌기 때문이 아니라 뇌가 정보를 저장하는 방법이 무조건 외우는 지식 기억에서 이해를 요구하는 기억으로 바뀌었기 때문이다. 따라서 중학교까지는 머리가 좋으면 수업만 잘 들어도 공부를 잘할 수 있지만, 고등학교부터는 이해와 반복을 병행해야만, 공부를 잘할 수 있다.

④ 무의식적 기억

무의식적으로 저장되는 기억을 말한다. 무의식적 기억은 쉽게 잊혀지지 않으며 오래 기억된다. 따라서 무의식적으로 배운 것은 쉽게 고쳐지지가 않아 마법의 기억이라고 이야기한다.

무의식적인 기억은 다른 기억에 비해 학습의 전이 현상이 잘 나타난다. 즉, 축구를 잘하는 사람이 족구도 다른 사람보다 잘하는 이치와 같다.

4) 내용에 따른 분류

① 일화적 기억

한 개인의 특정한 과거 경험이 시간과 공간적인 참조에 따라서 자서전적으로 기술될 수 있는 기억을 말한다. 예를 들어 내가 누굴 만나서 무슨 이야기를 했는지 일상적인 일을 기억하는 것을 말한다.

② 의미적 기억

단어나 상징에 대한 지식이나 의미 등에 관한 지식을 포함하는 것을 기억하는 것을 말한다. 예를 들어 조선이 망하고 일제의 식민지가 되었다는 것을 아는 것을 말한다.

09. 망각을 활용한다

　사람이라면 누구나 한 번 기억한 것을 영원히 기억하기를 바란다. 그러나 이 세상의 누구도 그런 능력을 가진 사람은 없다. 왜냐하면 모든 인간은 기억력과 함께 망각이라는 것도 가지고 있기 때문이다.

　망각이란 전에 경험하였거나 기억된 것이 일시적 또는 영속적으로 감퇴 또는 상실되는 것이다. 결국 망각은 기억이 저하되거나, 기억을 잃어버리는 것을 말한다. 그러나 망각이 꼭 부정적인 것만은 아니다. 만약 망각이 없다면 우리는 고통스러운 기억조차 잊지 못하고 평생을 괴로워할 것이다. 그래서 망각은 꼭 필요하다. 예를 들어, 사랑하는 사람이 죽었거나, 매를 맞았던 기억, 창피했던 기억들로 힘들어할 때 망각은 우리에게 마음의 안식처가 된다.

　하지만 망각은 우리가 잊지 말아야 하는 중요한 정보나 학습한 결과물까지 잊게 하여 우리를 곤란하게 한다.

가. 망각의 원인

　그럼 망각은 왜 생기는 걸까? 망각의 원인에 대해서는 자연 소멸설과 간접설이 있다. 자연 소멸설은 나이가 들면 노화가 되듯이 기억도 쓰지 않으면 자연히 소멸한다는 견해이고, 간접설은 새로 기억된 내용이 기존의 기억에 끼어들고 간섭함으로써 혼동을 일으키거나 기존의 기억을 밀어냄으로써 망각이 된다는 견해다.

　심리학자들은 망각에 대해 좀 더 깊이 있게 알아보기 위해서 똑같은 양을 기억한 사람들을 두 집단으로 나누어서 한 집단은 일을 하게 하였고 다른 집단은 잠을 자도록 한 다음 정해진 시간 후에 기억을 재생하도록 하였다. 그 결과 잠을 잔 집단이 일을 한 집단보다 기억 재생률이 높았다. 일을 하는 것이 잠을 자는 것보다 기억에 더 많이 간섭하여 망각을 일으킨다는 것이다.

기억 재생률을 고려해 봤을 때, 시험을 보기 전에 학습한 것을 잊지 않도록 하기 위해서는 시험 전날 밤을 새면서 공부하기보다는 공부를 적당히 하고 잠을 충분히 자는 것이 좋다. 벼락치기를 하는 학생이 공부를 못하는 것은, 이처럼 공부를 너무 몰아서 하면 간접설에 따라 기존의 지식이 새로운 지식과 섞여 혼동을 일으키거나 밀려나 버리기 때문이다.

나. 망각을 줄이는 방법

독일의 심리학자 에빙하우스(Ebbinghaus)는 기억은 계속 재생하지 않으면 결국 잊어버리게 된다고 하였다. 에빙하우스는 한번 입력된 기억을 재생하지 않고 그대로 둔 경우 시간의 경과에 따라 기억률이 떨어지는 관계를 다음과 같이 측정하여 나타냈다.

> 망각률(%)＝(처음 학습에 소요된 시간－복습에 소요된 시간)÷처음 학습에 소요된 시간×100

즉, 망각률(기억을 잊어버리는 비율)은 처음 학습에 소요된 시간에서 복습에 소요된 시간을 뺀 다음 이를 다시 처음 학습에 소요된 시간으로 나눈 수에 100을 곱한 것이다. 이를 그래프로 나타낸 것이 망각곡선이다. 인간의 망각곡선은 다음과 같다.

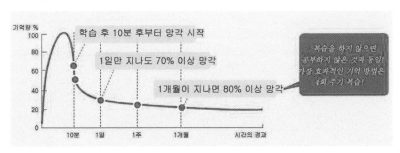

에빙하우스는 인간의 기억은 시간의 제곱에 반비례하여 시간이 지날수록 기억을 더욱 빨리 잊어버린다고 하였다. 결국 감소하는 기억을 오래 보존하기 위한 가장 좋은 방법은 반복 학습이다. 따라서 기억을 오랫동안 유지하기 위해서는 망각곡선의 주기에 따라서 적절한 시점에 적절한 반복 학습 즉, 복습을 하는 것이 중요하며 같은 양의 반복 학습을 한다면 한꺼번에 오랫동안 하는 것보다 일정한 간격으로 여러 번 학습하는 편이 훨씬 더 효과적이라 하겠다.

다. 효과적인 복습 주기

학습한 내용을 잊지 않고 오랫동안 기억하기 위해서는 학습한 내용을 10분 후 복습, 1일 후 복습, 1주일 후 복습, 1개월 후 복습하는 것이 효과적이다. 즉, 10분 후에 복습하면 1일 동안 기억되고, 다시 1일 후에 복습하면 1주일 동안, 1주일 후에 복습하면 1개월 동안, 1개월 후에 복습하면 6개월 이상의 장기 기억이 된다.

〈표 5-2〉 토니 부잔의 장기 기억을 위한 효과적인 복습 주기

구분	시간 경과	복습량	기억 기간
1	1시간	10분	1일
2	24시간	2~4분	7일
3	7일	2분	1개월
4	1개월	조금	6개월
5	6개월	조금	반영구 기억

마인드맵의 창시자인 토니 부잔(Tony Buzan)도 『마인드맵 두뇌 사용법』에서 에빙하우스의 망각 주기를 이용하여 장기 기억을 위한 효과적인 복습

주기를 제안하였다. 부잔은 1시간 학습한 후 바로 10분간 복습을 하면 1일 동안 기억이 되고, 24시간 뒤에 2~4분 동안 복습을 해도 7일 동안 기억되며, 7일 뒤에 2분 동안 복습하면 1개월 동안 기억이 되고, 1개월 뒤에 잠시 보면 6개월 이상 장기 기억된다고 하였다. 그 이후로도 몇 달 만에 조금씩만 보아도 영구 기억이 될 수 있다고 하였다.

결국 에빙하우스나 부잔에 따르면 장기 기억을 하는 데 가장 중요한 것은 일정한 주기에 따라서 반복적인 복습을 하는 것이다. 따라서 학습하고도 기억이 나지 않는다거나, 혼동된다고 하는 학생들에게는 기억을 정확히 하고 오래 유지할 수 있도록 주기적인 복습 방법을 지도해 주는 것이 좋다. 학생들에게 추천하는 학습 방법은 학습이 끝나고 10분간 쉬는 동안 전 시간에 학습한 내용을 복습하는 것으로서, 이것이 시간을 가장 효율적으로 활용하는 방법이다. 만약 그 시간에 복습을 하지 않고 그날 밤이나 다음 날로 미룬다면 그만큼 시간의 경과에 따라 기억이 소거되기 때문에 복습하는 데 더 많은 시간을 들여야 한다.

제6장
기초학습 능력을 높이는
메타인지학습전략

01. 독해 전략

책 속에 길이 있고 독서가 곧 국력이라는 말이 있다. 국민의 독서량은 곧 국가경쟁력과 직결된다는 이야기다. 그러나 우리는 독서를 단순한 여가를 즐기는 문화 활동의 하나로 생각하여 독서를 상대적으로 가볍게 생각하였다. 그래서 부모들은 자녀들이 책 안 읽는 것에 대해서는 뭐라 하지 않지만, 공부를 안 하는 것에 대해서는 불안해한다. 심지어는 자녀들이 책 읽는 것보다는 공부하기를 권하는 부모도 있다. 공부도 책을 읽는 것이며 독서의 한 부분인 것을 모르기 때문이다.

실제로 독서의 효과는 정말 놀라울 정도이다. 인류의 역사나 개인의 발전은 책에 의해 발전해왔다고 해도 과언이 아니다. 세계 최고의 갑부인 마이크로 소프트의 빌 게이트도 동네의 작은 도서관이 지금의 나를 만들었다고 하여 독서의 중요성에 대하여 간접적으로 강조하였다. 인생의 밑바닥에서 가장 성공한 여성으로 손꼽히는 토크쇼의 여왕 오프라 윈프리도 독서로 인하여 지금처럼 성공하게 되었다고 한다.

그런데 해가 갈수록 우리의 독서 인구가 줄어들고 있다. TV의 대량 보급에 이어 인터넷과 스마트폰의 급속한 확산에도 원인이 있겠지만, 문제는 독서 환경이 열악하고 독서에 대한 관심도가 갈수록 떨어지고 있다는 점이다.

미국의 다국적 여론조사기관인 NOP가 전 세계 30개국을 대상으로 주당 독서 시간을 조사한 결과 우리나라 사람이 가장 책을 읽지 않는 것으로 나타났다고 한다. 독서 시간도 30개국의 평균치인 6.5시간의 절반에도 못 미쳐 조사 대상 30개국 가운데 불명예스러운 꼴찌로 나타났다. 참 부끄러운 이야

기다.

독서 인구와 독서 시간이 떨어지는 것을 불경기 탓으로 돌릴 수 있다. 국가 전체적으로 경기가 좋지 않기 때문에 우리 출판계는 극심한 불황을 겪은 것으로 인정한다고 해도 일본은 불황기일수록 책이 많이 팔리고 있어 우리나라와는 대조적이다. 일본은 불경기일수록 불경기를 벗어나려면 공부를 해야 한다는 것이 사회 전반적인 가치이기 때문에 독서가 증가하고 학원이나 평생교육원의 수강생들이 많아진다. 그러나 우리는 불황기가 되면 학원이나 평생교육원의 수강생이 줄고 독서량도 줄고 있다.

독서는 습관이지 계몽이나 교육으로 되는 것이 아니다. 따라서 독서는 자신의 생존과 성취욕구와 향상을 위해서 영혼의 비타민처럼 필수적이라는 습관적인 인식이 따라야 한다. 어린 시절에 독서 습관을 길러주는 것은 교사나 부모들의 절대적인 책임이자 과제이다. 그러기 위해서는 어른들이 먼저 책을 읽는 모범을 보여야 한다. 그래야 미래가 불확실한 이 나라의 장래에 조금이라도 희망이 생기리라. 독서 인구가 늘어야 경제를 포함한 국가경쟁력도 강화되고 부국강병의 꿈도 이뤄질 것이다. 독서는 한 개인의 삶을 부유하게 하는 원동력이며 국력이라는 것을 명심하자.

가. 기초학습 능력을 높이는 독해 전략

독해는 단순히 글자를 읽는 것이 아니라 글을 읽으면서 그 의미를 이해하고 학생의 배경지식을 활용해 새로운 의미를 재구성하는 과정이다. 다독이나 속독은 오히려 창의력과 학습 능력에 부정적인 결과를 가져올 수 있다는 것이 밝혀지고 있다.

독서량이 중요한 것이 아니라 한 권을 읽더라도 책의 내용에 깊이 빠져서 웃기도 하고, 눈물을 흘리며 감동을 느끼는 독서 체험이 가장 중요하다는 점을 강조하고 있다. 어렸을 때 책의 내용을 이해하지 못하고 건성으로 읽는 습관을 들인 아이가 초등학교에 들어가면 고학년이 될수록 책 읽기를 싫어하는 아이로 변하게 된다고 연구 결과도 나왔다. 그리고 무엇이든 읽을 줄 알아야 하기 때문에 독해 능력이 가장 기본적인 기초학습 능력이 된다.

기초학습 능력을 높이기 위한 독해 능력을 높이는 방법은 다음과 같이 자신의 배경지식과 경험을 활성화해 예측하고 분석, 비판하며 읽는 것을 말한다.

1) 읽기 전(前) 단계

주제와 관련해 자신이 알고 있는 배경지식을 떠 올리며 읽기에 주의를 집중하도록 한다. 배경지식을 끌어내는 것은 책을 읽는 목적을 분명하게 해 그 내용에 집중하게 함으로써 새로운 정보를 효과적으로 찾을 수 있게 한다. 또한 새로운 개념과 이미 알고 있는 것을 연관 짓도록 해 정보를 오랫동안 기억하게 만들어 준다.

• 읽기 전에 미리 상상해 본다.

책을 읽기 전에 제목이나 그림을 보고 글의 내용을 미리 생각해 보도록 해서 책을 읽으면서 미리 생각해 본 것을 토대로 자신이 예측한 것을 수정·보완하고, 읽은 뒤에는 주제와 관련해 내용 예측이 잘 이루어졌는지 점검한다.

• 제목을 통해서 예측해 볼 내용
  - 제목을 왜 이렇게 정했을까?
  - 다음에 이어질 내용은 무엇일까?
  - 제목이 궁극적으로 전달하고자 하는 것은 무엇일까?

2) 읽기 중(中) 단계

교재의 텍스트에서 중요한 내용을 찾아내어 적절한 방법으로 내용을 구조화한다. 내용을 구조화하기 위해서는 중요 내용에 밑줄 긋기, 문맥을 활용해 낯선 어휘 이해하기, 글 내용을 구조적으로 읽기, 요약하기, 어려운 부분 다시 읽기, 노트 필기 따위의 방법을 사용하면 효율적이다.

- 중심 내용 찾기

중심 내용이란 저자가 책에서 말하고자 하는 핵심 내용을 말한다. 중심 내용은 문단 안에 드러나 있는 경우와 암시되어있는 경우가 있다.

- 요약하기

요약하기란 글에 들어 있는 중요한 생각을 간략하게 간추리는 활동을 말한다. 즉, 글에 제시된 정보와 자신의 경험을 바탕으로 글의 내용을 압축하고 주제를 찾아내는 활동을 말한다. 따라서 중심 내용을 잘 파악하려면 평소 글을 읽을 때 문단의 중심 내용에 밑줄을 긋거나 단락을 묶어 제목을 짓는 습관이 들어야 한다.

- 중심 생각 찾기

중심 생각이란 글을 통해서 독자에게 전달하고자 하는 작가의 의도나 글을 쓴 목적을 말한다.

- 책을 읽으면서 예측해 볼 내용
    - 이 글에서 내가 새롭게 배울 수 있는 내용은 무엇일까?
    - 이 글은 어떤 방식으로 문제를 풀어나갔을까?
    - 필자가 주장하는 내용의 근거는 무엇일까?
    - 필자가 내린 결론에 대한 의견은?
    - 왜 이런 내용을 썼을까?

3) 읽기 후(後) 단계

새로이 배운 내용을 기존 지식에 통합해 새로운 상황에 적용하는 방법을 찾는다. 새로이 배운 내용으로 책 내용을 비판하거나 창의적인 생각을 유도한다. 또한 자신의 배경지식을 끌어내어 재확인하거나 수정해가면 지식이 체계화되고 오랫동안 기억에 남게 된다.

• 비판하며 읽기

비판하며 읽는다는 것은 글의 진실성, 정확성 등을 판단하며 읽는다는 뜻이다. 저자가 문제를 바라보는 관점을 파악하고 다른 관점으로 해석하는 일이나 저자의 편견을 찾는 일, 또는 저자의 주장에 대해 정당한 근거를 내세워 평가하는 일, 저자가 독자를 설득하기 위해 사용하고 있는 표현 방식을 파악하는 것도 비판하며 읽는 것을 말한다.

• 창의적 읽기

창의적으로 읽는다는 것은 책에서 이해한 것을 바탕으로 새로운 상황에 적용하거나 어떤 목적을 위해 책의 내용을 재구성해 통합하고 재창조하는 것을 말한다. 이것은 책 내용을 음악, 영화, 만화, 놀이, 무용 등 다양한 매체와 연관 지어 재해석하는 것이기도 하다.

나. 학습에 도움이 되는 독해 전략

1) 제목과 관련해 알고 있는 것은 연상한다.

먼저 읽어야 할 책에 대한 제목을 보고 미리 내용을 연상해 본다. 연상한 내용이 본문의 내용과 맞거나 틀려도 기억에 오래 남게 되어 공부에 도움이 된다.

2) 책을 읽으면서 내용과 관련해 알고 있는 지식과 경험을 떠 올린다.

책을 읽는 도중 내용과 관련하여 알고 있는 지식이나 경험이 없으면 적절한 상황을 떠 올리며 연결시켜 보면 기억에 오래 남게 되어 공부에 도움이 된다.

3) 책을 읽으면서 적절한 상황에 연관시켜본다.

교재나 참고서는 단락 단락으로 나누어져 있지만, 이것을 하나의 큰 흐름으로 보고 전체 내용에 연결시켜 읽으면 흐름이 연결되어 기억에 오래 남게 되어 공부에 도움이 된다.

4) 책을 읽으면서 전체 내용과 연관시켜 읽는다.

교재나 참고서는 단락 단락으로 나누어져 있지만, 이것을 하나의 큰 흐름으로 보고 전체 내용에 연결시켜 읽으면 흐름이 연결되어 기억에 오래 남게 된다.

5) 모르는 단어를 보면 정확한 뜻을 생각해 본다.

책을 읽으면서 모르는 단어가 나타나기 마련인데 모르는 단어를 지나치게 되면 기억이 어렵게 됨으로써 정확한 단어의 의미를 찾아서 정확한 뜻을 알아야 내용을 정확히 이해하는 데 도움이 된다.

6) 내용이 어렵거나 중요한 정도에 따라 읽는 속도를 달리한다.

책을 읽을 때 모든 내용을 동일한 속도로 읽는 것이 아니라 어렵거나 중요한 정도에 따라 읽는 속도를 달리해야 한다. 어렵거나 중요한 내용들은 정독하는 것이 좋고 쉬운 내용이나 중요하지 않은 내용은 속독으로 넘어가는 것이 좋다.

7) 책을 읽으면서 눈으로만 읽는 게 아니라 기억하려고 노력한다.

책을 읽을 때 눈으로만 읽는 게 아니라 내용을 머릿속에 기억하려고 노력하면서 읽는 것이 기억에 남게 된다.

8) 내용과 관련해 궁금한 것에 대해 스스로 질문해 보고 답을 해본다.

책을 읽다 내용에 대해 이해가 되지 않아 궁금한 것이 생기면 스스로 질문해 보고 답을 해보면 기억에 오래 남게 된다. 그래도 모르는 내용에 대해서는 밑줄을 그어 놓고 찾아본다.

02. 필기 전략

　학교 현장에서 오랫동안 학생들을 지도해 본 교사일수록 공부 잘하는 학생들 노트는 분명 다르다고 한다. 지금 시중에는 수많은 공부와 관련된 책들이 난무하지만, 그중에서 필기에 대해서는 딱히 짚고 넘어가는 책이 많지 않다. 그도 그럴 것이 노트 필기라는 것이 학생이라면 누구나 하는 것, 초등학교 수업에서부터 대학 시절까지 수업까지 쓰는 것이라, 당연하면서도 별 것 아닌 것처럼 보이기 때문이다. 하지만 분명한 것은 공부 잘하는 학생들이 노트 필기도 잘한다는 것이다. 그러나 노트 필기를 통해서 기초학습 능력을 높이려면 나름대로의 방법이 있다고 할 수 있다.

가. 필기의 필요성
　1) 수업 내용을 이해하고 파악하는 데 도움을 준다.
　학생들이 필기를 잘하기 위해서는 수업을 잘 들어야만 가능하다. 그래서 학생들은 필기하기 위하여 수업 중에 능동적으로 집중하여 수업의 흐름을 들으려는 노력과 함께 핵심을 이루는 내용들을 찾아내고 기록하게 된다. 따라서 필기하는 학생들은 필기하지 않는 학생들에 비하여 수업 내용을 정확히 파악하게 되고 기억에도 오래 남게 된다.
　따라서 교사는 학생들에게 수업 내용을 있는 그대로 적게 하는 것보다는 자신이 이해하는 것을 자신의 언어로 바꾸어 기록하게 하면 훨씬 교육적 효과를 가져올 수 있게 된다.

2) 기억 증진 및 주의집중하게 한다.

수업 중에 교사가 학생들을 보면 가만히 수업을 듣는 학생들보다는 필기를 열심히 하는 학생들이 수업에 대한 집중이 높은 것을 알 수 있다. 수업만 가만히 듣고 있는 학생은 오히려 다른 생각으로 빠지게 되어 눈만 교사에게 시선을 주고 마음은 다른 곳에 가 있는 것을 발견하게 된다.

따라서 교사는 학생들에게 수업 내용을 듣고 중요한 것을 노트에 정리하도록 하면 수업 내용을 보다 적극적으로 이해하는 데 도움을 주며 주의를 촉진 시킴으로써 기억을 증대시키고 정신 집중을 강화할 수 있다.

3) 필기는 복습 효과를 가져다준다.

인간의 기억력에는 한계가 있다. 심리학자들은 학습 후 20분이 지나면 40%가량을 잊어버리고, 이틀 후에는 약 70%를 잊는다고 한다. 이처럼 잊어버리는 속도는 대단히 빠르기 때문에 지속적인 반복을 하지 않으면 아무리 머리가 좋은 학생들도 남는 것이 별로 없게 된다. 교실에서 성적이 나쁜 학생들 중에 노트 정리를 소홀히 하거나 잘못하는 학생이 많다는 사실도 알고 보면 이러한 이유에 근거하고 있다.

따라서 교사는 아무리 머리가 우수한 학생이라도 그것을 기억하기가 어렵기 때문에 수업 중에 중요한 내용들을 필기하게 되면 복습이 자연스럽게 이루어져 기억력을 높이는 데 도움이 됨을 알려주어야 한다.

나. 기초학습 능력을 높이는 노트 필기

1) 각 과목의 단원마다의 학습목표를 필기한다.

학습목표는 바로 그 단원의 가장 중요한 부분이고, 기필코 시험에 나오기 때문에 시험을 보기 전에 필기한 학습목표들은 꼭 공부한다.

2) 수업 중에 선생님이 꼭 강조하거나 시험에 출제한다고 하는 것은 강조 표시를 한다.

수업 중에 선생님이 꼭 시험에 출제한다고 하는 것은 꼭 시험에 나오기 때문에 반드시 강조 표시를 하고 시험을 보기 전에 본다. 또한 특별히 수업 중에 강조하는 것도 강조 표시를 해서 시험 보기 전에 꼭 본다.

3) 필기한 것은 꼭 수업이 끝난 후에 보고 복습에 활용한다.

노트 필기를 하는 이유는 배운 것을 복습하는 의미에서 하는 것이므로 필기한 것을 꼭 수업 시간이 끝난 후에 보고, 집에서도 반복적으로 보고, 시험 볼 때도 보면 시험을 잘 보는 데 도움이 된다.

4) 노트 필기는 수업을 들은 후 남는 시간에 필기한다.

노트 필기는 수업을 듣고 중요한 것을 복습하는 차원에서 노트 필기를 하는 것이다. 그러나 필기에 집중하다 보면 수업 내용을 무시하면서 필기에 집중하는 것은 오히려 비효율적이다. 따라서 노트 필기는 수업을 먼저 듣고 필기 내용을 나중에 적으면서 선생님의 수업 내용 중 중요한 것을 적는 것이 좋다.

5) 수업 시간의 필기는 자유롭게, 방과 후에 깨끗하게 정리한다.

수업 시간에 필기를 꼼꼼히 정리하기란 힘들다. 따라서 수업 시간에 필기는 연습장에 자유롭고 편하게 필기한다. 그리고 방과 후에 수업 시간에 배운 내용을 기억하면서 걸러낼 부분은 걸러내면서 교과서에 깨끗하게 정리하면 머릿속에 체계적으로 정리가 되고 복습의 효과가 높다.

6) 그림과 도표를 활용한다.

노트를 오직 글자로만 필기하면 답답하게 보일 수 있다. 따라서 노트에 글자 대신 그림으로 나타낼 수 있는 것은 이해를 쉽게 하고 응용하므로 기억에 오래 남게 한다. 뿐만 아니라 복합기를 이용하여 사진, 도표 등의 자료를 복사해서 붙이면 '그림으로 읽는 노트'와 다름없다. 그림과 사진으로 구성된 노트를 보는 것만으로도 배운 내용에 대한 흥미를 유발하기에 충분하다.

다. 노트 필기를 효율적으로 하는 방법

1) 노트에 필기할 때는 중요도에 따라 3가지 색깔을 사용하도록 한다.

너무 여러 가지 색깔을 사용하는 것은 혼란스러워서 좋지 않고 빨강, 파랑, 검정만 사용하는 것이 좋다. 색깔에 따라 빨간색 볼펜으로 쓴 것은 중요한 것, 파란색 볼펜으로 쓴 것은 도움이 되는 것, 검정색 볼펜으로 쓴 것은 일반적인 내용으로 구분하면 나중에 복습할 때 매우 유용하다. 시간이 없을 때는 빨간색으로 표시한 것만 공부하면 되고, 여유가 있을 때는 파란색으로 표시한 것을 보면 되고, 충분한 여유가 있을 때는 모든 것을 복습하면 된다.

2) 노트에 낙서하지 않도록 한다.

노트를 사용할 때는 노트의 용도에 맞게 사용하는 습관을 길러 주어야 한다. 수업 시간에 사용하는 노트는 수업 시간에 들은 내용을 적는 용도로 사용하도록 하고, 낙서하고 싶으면 낙서를 위해서 별도의 노트를 사용하도록 한다. 수업 시간에 사용하는 노트에 학습 내용을 필기하면서 낙서를 하게 되면 나중에 복습할 때도 정신을 분산시키는 역할을 하며, 낙서한 것을 보면 수업 시간에 낙서하게 된다.

3) 노트는 과목별로 작성하도록 하게 한다.

노트 한 권에 모든 교과의 내용을 적게 되면 학습의 연계성이 저해를 받게 되므로 되도록 노트 한 권에는 한 과목의 내용만을 적도록 한다. 그래야 일목요연하게 정리될 뿐만 아니라 나중에 복습할 때도 학습의 연계성이 생겨 효과가 있다.

4) 스프링 노트의 사용은 되도록 지양한다.

스프링 노트의 장점은 언제든 찢어 버리면 첫 장처럼 사용할 수 있다는 장점이 있다. 그러나 이러한 장점이 학생들에게는 조금만 필기가 틀리거나 여백이 필요하게 되면 바로 찢어서 사용하게 되므로 나중에는 노트를 거의 다 찢어 버리는 경우도 생기기 때문이다. 따라서 스프링 노트보다는 찢기가 어려운 가운데를 실로 박은 노트나 풀을 붙인 노트를 사용하는 것이 노트를 오랫동안 보관하는 데 유용하다.

5) 글씨는 남들도 알아볼 수 있도록 쓰도록 한다.

학생에 따라서는 자신만이 알아볼 수 있는 글자체를 사용하거나 글을 휘갈겨 써서 자신도 읽기가 어려운 경우가 있다. 이러한 경우에 노트 검사를 하는 교사들은 짜증을 내거나 성적에서 불이익을 받기도 한다. 따라서 자신은 물론이고 제3자가 보아도 알아볼 수 있는 글자체를 쓰도록 유도한다.

6) 노트의 줄을 많이 띄우지 않도록 한다.

학생에 따라서는 노트 필기를 할 때 단락이나 줄 간격을 너무 띄우는 경우가 있다. 이런 경우는 보기에는 시원할 수 있지만, 노트를 낭비하게 되거나 노트를 금방 갈아야 하므로 적절하지 못하다. 따라서 중요한 단락에서 구분하기 위하여 한 줄을 띄우는 것은 좋지만, 너무 많은 여백을 주는 것은 좋지 못하다는 것을 알려 준다.

7) 수정할 때는 줄을 긋도록 한다.

노트를 깨끗이 사용한다고 틀린 글씨나 내용을 지우개나 수정액 등으로 지우고 다시 쓰는 경우가 많다. 그러나 이것은 일종의 시간 낭비에 지나지 않는다. 따라서 이때에는 틀린 부분들에 대해서 재빨리 선을 그어 지우고 그 밑에 다시 쓰는 방법을 취해 시간을 절약하도록 하는 게 효과적이다.

8) 노트 필기한 날짜나 연상할 수 있는 것을 같이 쓰도록 한다.

단지 글자만 널려 있는 노트를 한 번 보고 금방 그 내용을 기억해 내는 사람은 지극히 드물다. 따라서 마치 사진을 들여다보면 옛날 기억들이 하나 둘씩 떠오르듯 노트에도 기억을 되살릴 수 있는 장치가 필요하다. 이를테면 필기한 날의 날짜, 요일, 날씨, 선생님의 질문 등을 적을 수 있다.

9) 자주 반복되는 내용은 약어를 사용한다.

자기 나름대로의 약어와 상징을 사용하면 필기 속도를 높힐 수 있다.

> 例 = (같다), ∴ (따라서), ∵ (왜냐하면), ≠ (같지 않다),
> ex (예), vs (대), cf (비교), ☆ (강조)

라. 코넬 노트 필기법

노트에는 여러 가지가 있다. 선이 그어져 있는 것부터 스프링으로 되어 있는 것과 가운데가 실이나 풀로 붙여 있는 것이 있다. 그중에서 지금까지 가장 효과적인 노트를 꼽으라면 코넬 노트를 꼽고 있다.

코넬 노트는 40여 년 전에 미국의 코넬(Cornell)대학에서 개발한 노트 정리 방법이다. 이 방법이 개발된 이후 이것은 미국을 비롯한 세계 각국에서 코넬 노트를 가장 보편적으로 사용하고 있다.

코넬 노트의 양식을 보면 왼쪽 부분에 3~4cm 정도의 구획이 그어져 있는 것을 볼 수 있는 데 이것이 코넬 양식이다. 코넬 양식은 노트는 단순하게 보이지만, 어떻게 활용하느냐에 따라서 매우 유용하게 사용할 수 있다.

1) ②는 수업에서 적어야 할 내용으로 통상적으로 교사의 설명 중에 적는 것과 교사의 설명이 끝난 후 적는다. ①은 ②를 적은 후 수업 내용을 대표할 수 있는 핵심적인 단어, 개념, 용어를 찾아서 적는다.

① 중요한 것	② 내용
기후의 변화	1. 한국의 기후
	나. 서울의 기후
	1) 종로구의 기후
	가) 종로2가의 기후

③ 요점 정리

기후는 지역에 따라 다르다.

서울은 지역에 따라 기후가 다르다.

서울의 기후가 제일 특이하다.

2) 수업 내용을 적을 때는 되도록 중요도에 따라, 범위에 따라 번호를 붙여서 쓰는 것이 조직화가 쉽고 나중에 복습할 때도 도움이 된다.

3) ③번 요점정리 부분은 실제는 있는 것이 아니지만, 노트의 맨 마지막 3줄 정도를 배정하여 그날 필기한 내용의 서론과 본론 결론을 적어주면 다시 반복하는 효과를 가져오며, 나중에 복습할 때 수업의 흐름을 파악하는 데 유용하다.

마. 마인드맵 필기법

마음속에 지도를 그리듯이 줄거리를 이해하며 정리하는 방법으로 마인드맵은 1971년 영국의 토니 부잔에 의해 만들어졌으며 세계적인 석학들의 과학적인 검증 과정을 거친 두뇌 활용을 극대화하는 사고 및 학습 방법으로 자리를 잡았다.

마인드맵은 이미지와 핵심어, 그리고 색과 부호를 사용하여 좌·우뇌의 기능을 유기적으로 연결함으로써, 두뇌의 기능을 최대한 발휘할 수 있는 사고력 중심의 두뇌 계발 필기 방법이다.

주제를 정하고 키워드를 적은 다음, 식물이 줄기에서 가지로 뻗어나가듯이 사고의 가지를 만들고 마디마다 연상되는 단어를 연결하여 머릿속의 생각을 정리하는 방법이다. 이를 통해 이전의 생각과 이후에 이어지는 생각들을 나열하여 연관성을 찾아내고 합성해보면 창조적인 아이디어와 중요한 정보들을 구조화하고 새로이 조합하는 방법을 발견하게 된다. 대부분의 마인드맵은 중간에 아이디어, 질문, 컨셉, 제목 등을 쓰면서 시작한다. 그런 다음 하나의 아이디어가 다음의 아이디어를 설명하고, 그 아이디어 사이를 가지로 연결하면서 기술한다.

마인드맵 노트 필기 효과는 다음과 같다.

① 마인드맵 노트는 언제 어디서나 훌륭한 생각이 떠오를 때 옮겨 적을 수 있게 되어 있다.

② 핵심어 사용으로 중요한 내용을 파악할 수 있는 능력이 생긴다.

③ 지도의 원리를 이용하므로 세부적인 내용은 물론 전체적인 내용을 파악하기 쉽다.

④ 마인드맵 노트는 학생의 흥미를 유발하여 자기주도학습이 가능하게 한다.

⑤ 마인드맵 노트는 두뇌의 여러 가지 영역을 골고루 사용함으로써 창의력과 사고력을 발달시킨다.

⑥ 노트 필기를 전반적으로 기억나게 함으로 성적향상에 도움을 준다.

⑦ 마인드맵 노트 필기는 어휘력과 독서 능력을 향상시켜 준다.

⑧ 마인드맵 노트 필기는 자기 생각을 논리적 표현하게 하여 토론, 논술 시험도 익숙하게 해준다.

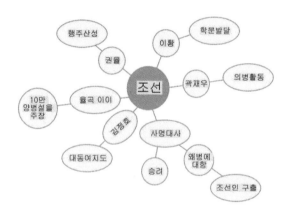

[그림 Ⅵ-1] 조선시대의 위인 마인드맵

03. 예습 전략

한국교육개발원(KEDI)의 성적과 과외 여부 및 학습 태도의 상관관계를 5년간의 성적을 가지고 분석한 결과를 보면 예습과 복습 등 학교 수업에 충실하고 책을 많이 읽는 학생이 성적도 우수한 것으로 나타났다. 이들 상위권 학생은 수업 시간에 질문을 하거나 예습과 복습하는 비율이 높고, 책읽기를 좋아하였다.

가끔 명문대학에 수석으로 입학한 학생들의 성공담을 들어 보면 "나는 학원은 다니지 않았지만 꾸준히 공부해서 수석을 했다."라는 소감을 자주 들을 수 있다. 그들은 학원을 다니기 보다는 예습·복습을 꾸준하게 하였다고 한다.

사람의 두뇌에서 담당하는 기억은 시간이 지나면 잊어버리는 것이 자연스러운 일이다. 실제로 에빙하우스의 망각 곡선에 따르면, 사람은 암기한 내용을 1시간 이후에 절반을 잊어버리고, 하루에 70%를 한 달에 80%를 잊어버리게 된다. 따라서 이 망각을 극복하기 위해서는 제때 반복적으로 예습·복습하여 암기율을 높이는 것이 필요하다.

예습이란 배워야 할 내용들을 미리 공부하는 것을 말하며, 복습이란 배운 것을 다시 공부하는 것이다. 결국 예습·복습이란 반복적인 학습을 통하여 암기한 기억을 오랫동안 유지하기 위한 방법이라고 할 수 있다.

가. 예습의 중요성

예습이란 배워야 할 내용들을 미리 살펴보는 과정이라 할 수 있다. 마치 어두운 밤에 손전등으로 갈 길을 미리 비추어보는 것과 같다. 갈 길을 미리 비치어 보면 어떻게 가야 할지에 대한 계획을 세우기 때문에 두려움을 떨칠 수 있다. 또한 길을 미리 보았기 때문에 낯설지 않을 것이다.

예습도 마찬가지로 공부해야 할 것을 미리 보는 것으로 공부의 방향을 설정하는 데 도움을 준다. 따라서 아무런 정보가 없는 상태에서 배우는 것보다 예습을 바탕으로 해서 새로운 지식과 정보를 덧붙이는 것이라고 할 수 있다. 실제로 사람의 두뇌는 어떤 새로운 것을 학습할 때 기존에 알고 있는 사실과 연관 지을 때 더욱 효과적으로 기억에 남게 된다.

예습을 선행학습이라고도 보는 데 선행학습은 수업에 도움이 되기도 하지만, 미리 다 배웠다고 생각하면 정작 수업 시간에는 긴장이 풀려져서 수업에 방해가 되는 경우도 상당히 많다. 따라서 예습한 것을 바탕으로 교사의 수업이 어떻게 다른지, 중요한 것이 무엇인지를 파악하는 것이 예습의 목적이다.

나. 기초학습 능력을 높이는 예습 방법

예습을 통하여 효과적으로 기초학습 능력을 높이는 하는 방법은 다음과 같다.

1) 쉬는 시간을 이용해 교과서의 본문을 읽는다.

예습은 통상 전날 하는 것이 좋지만, 시간이 여의치 못하다면 수업이 시작되기 5분 전에 하는 것이 좋다. 예습은 먼저 교과서의 큰 제목 위주로 읽어보고 이번 시간에 어떤 것에 대해 배우는지를 머릿속에 그려본다. 다음은 본문 중에 있는 중요개념인 굵은 글씨를 읽어 본다.

중요개념의 경우는 그에 대한 설명이 함께 나와 있으므로 설명에 밑줄을 그으면서 한 번 읽어 두도록 한다. 이렇게 하면 수업이 시작되어서 선생님이

하는 수업 내용이 귀에 쏙쏙 들어오게 되며, 뭐가 중요한 것인지를 이해하게 되어 기억에 오래 남아 공부에 도움이 된다.

2) 오늘 배울 단원에 대한 개념을 정리한다.

수업 시간에 배울 내용에 대한 개념 정리를 간략히 하는 것만으로도 예습 효과는 뛰어나다. 먼저 단원의 제목을 보고 기초적인 개념 정리를 하고, 새로 배울 단원의 '탐구 활동' 정도만 읽어 두면, 수업 시간 내내 뿌듯한 마음으로 여유 있게 공부에 임할 수 있다. 눈으로 읽는 정도로도 충분하지만, 노트에 개념을 따로 적어보면 더 효과적이다.

3) 교과서의 '읽기 전에'를 풀어본다.

교과서의 본문이 시작되기 전에 '읽기 전에'라는 난이 있다. 수업 시간 전에 이 부분을 읽고 빠짐없이 답을 적으면, 배울 단원에 대한 사전 이해가 확실하다.

4) 동영상 강의를 활용한다.

요즘 동영상 강의가 넘쳐나고 있다. 동영상 강의의 장점은 명강사의 강의를 언제 어디서나 반복 수강이 가능하다는 것이다. 또 요즘엔 채팅창을 통해 질문을 하면 10분 이내로 답을 해주는 맞춤형 학습지도도 마련되어 있다. 따라서 예습·복습할 때 동영상 강의를 들으면 기억을 오래 하게 하는 데 도움이 된다. 그러나 동영상 강의는 전 과목을 다 듣겠다는 욕심보다는 꼭 필요한 과목을 정하거나, 특정 과목의 특정 단원을 집어내어 듣는 것이 더 효과적이다.

5) 평소에 교과와 관련된 쉽고 재미있는 책을 읽는다.

국어, 과학, 사회, 국사, 세계사 등의 과목은 교과서 이해만으로는 역부족이다. 특히 요즘과 같은 시험 문제는 경우에는 단편적인 교과서 내용만으로는 자신의 생각까지 엮어낼 만한 심층적인 이해까지 도달하기는 힘들다. 따라서 교과와 관련된 쉽고 재미있는 책을 읽음으로써 풍부한 배경지식을 가지고 수업에 참여할 수 있으므로 수업을 이해하는 데 도움을 받게 된다.

04. 복습 전략

복습은 공부한 것이나 수업에서 배운 것을 당일에 하는 것이 가장 효과적
이며, 최소한 1주일 안에 복습해야 한다. 그리고 한 달에 한 번씩 다시 간단
하게 복습하는 것은 필수다. 이러한 복습 습관을 길들이면 시험에 임박해서
벼락치기 시험공부를 하지 않아도 된다. 복습을 하지 않으면 시간이 지난 후
다시 볼 때 이 내용을 다시 배웠나 싶을 정도로 잘 생각나지 않지만, 한 번
복습한 내용은 다시 보면 빨리 기억이 나고 다시 공부하는 데 시간이 훨씬
적게 걸린다. 결국 나중에는 적은 시간 만 시험 공부를 해도 매우 높은 효과
를 볼 수 있는 것이 바로 복습이다.

될 수 있는 한 복습은 배운 후에 될 수 있으면 빠른 시간 내에 반드시
하는 것이 좋다. 공부 잘하는 학생들은 대부분 빠른 복습을 실천하고 있다.

복습을 효과적으로 하는 방법은 다음과 같다.

1) 남을 가르쳐 본다.

수업이 끝난 후 쉬는 시간에 친한 친구를 찾아가 전번 시간에 배운 것을
마치 선생님처럼 알려줘 보자. 친구를 위해 수업 시간에 배운 것을 다시 가르
치다 보면 자신도 모르게 확실한 복습 효과가 생긴다. 남을 가르치기 위해서
는 선생님처럼 처음부터 끝까지 철저히 들어야만 가능하기 때문에 수업에
대한 집중력도 좋아지고, 들은 것을 바로 암기하는 데 효과가 생긴다.

2) 쉬는 시간을 이용하여 복습한다.

수업 종료 후 쉬는 시간에 바로 5분 정도 복습 시간으로 활용한다. 방금 배운 내용이므로 기억이 쉬우며, 반복 학습을 하므로 암기하는 데도 도움이 된다. 복습하는 방법은 전 시간에 필기한 노트나 교과서를 가지고 한다. 집에 가서 복습하려면 복습 시간이 더 많이 소요될 뿐만 아니라 기억에 남지 않는 것도 있기 때문에 쉬는 시간을 이용하여 복습하는 것이 효과적이다.

3) 오늘 배운 것은 집에서 다시 전체적으로 복습한다.

쉬는 시간에 복습을 하고 집에 가서 다시 오늘 배운 내용을 모두 전체적으로 복습을 한다. 복습할 때는 필기한 노트나 교과서를 가지고 한다. 복습이 다 끝나면 보충 교재에 있는 관련 단원의 '연습문제', '보충 심화 문제', '단원 평가 문제', '수행 과제' 등 기본 문제부터 심화에 이르기까지 문제 풀기를 한다. 당일 복습하는 습관을 길들이면 시험 때가 되어서도 벼락치기 공부를 하지 않아도 기억에 오래 남게 된다.

4) 수업 시간의 필기 내용을 다시 필기한다.

수업 시간에 선생님의 설명을 듣고 노트 필기한 내용을 집에 와서 교과서와 비교하면서 노트에 필기한 내용들을 책에 밑줄을 긋는다. 다음은 참고서를 보면서 요약정리를 한 후, 종합하여 노트에 중요한 것들을 필기한다. 그리고 참고서에 나온 확인 문제 몇 개를 풀면 그날 배운 단원 이해는 거의 완벽해진다. 다시 필기하는 것은 자기주도적인 학습으로 학생의 기억에 오래 남기 때문에 매우 독창적이면서 효과가 뛰어나다.

5) 교과서에 나와 있는 문제를 모두 푼다.

본문이 끝나고 단원의 끝부분에는 보충 심화할 수 있는 문제 및 자료들이 수록되어 있다. 교과서에서 제공하는 문제들은 본문 내용을 다각도로 활용한 문제들이기 때문에 이러한 문제를 제대로 풀고 넘어가도 해당 단원의 복습 효과는 뛰어나다.

6) 수업 내용이 기억나지 않으면 참고서로 찾는다.

노트나 교재로 복습을 하다 수업 내용이 잘 떠오르지 않거나 잘 모르면 참고서를 찾아 읽으면 복습 효과로는 최고다. 교과서에는 방대한 내용 중 핵심만 추려서 간결하게 수록했기 때문에, 깊은 이해가 사실상 힘들다. 참고서는 전후 배경이 자세하게 제시되어 있어 이해가 쉬워 외우지 않고도 머리에 쏙쏙 들어오는 효과가 있다.

7) 복습 노트를 만든다.

암기 과목 중 소소하게 외울 것이 많은 과목은 시간이 지날수록 기억하기가 힘들어진다. 따라서 외울 것이 많은 것은 공부 시간도 몇 배로 소요되고 힘은 힘대로 들고 점수는 점수대로 따기가 힘들어진다. 따라서 이런 불편함을 방지하기 위해 '복습 노트'를 만들어 그날 배운 내용 중 외워야 할 것들을 요약 정리한다. 꾸준히 정리해두면, 시험 때 한 번 훑어보는 정도로도 암기 과목은 고득점이 보장된다.

8) 주말을 이용해 1주일 단위로 복습한다.

대부분의 학생들이 중학교에 들어가면 방과 후에 학원에 가느라 바빠 예습·복습할 시간이 부족하다. 따라서 예습·복습할 시간을 충분히 빼기가 힘든데, 이럴 경우에는 주말을 이용하여 1주일 단위로 몰아서 복습하는 것이 좋다. 1주일 정도의 기간이면 그 주에 배운 내용이 어느 정도 기억이 나기 때문에 1주일 단위로도 무리가 없다.

04. 암기 전략

학습에서 '암기'란 학습 내용을 외우는 것을 말하는 데 암기는 성적을 좌우한다고 해도 과언이 아니다. 물론 수능이나 모의고사는 종합적 사고력이나 문제해결력으로 풀어내야 하지만 암기가 바탕이 되어야 하고, 교과서의 내용을 단답식으로 질문하는 내신에서 높은 점수를 받으려면, 그 중요한 내용들을 꼼꼼히 외워야 하기 때문이다.

결국 시험에서 성패를 결정짓는 것은 단시간 내에 많은 양의 학습 내용을 정확하게 암기하는 것이다. 물론 머리가 좋아야 암기가 잘 되겠지만, 너무 머리만 믿고 암기하지 않는다면 결과는 나쁠 수밖에 없다. 반면에 머리가 나쁘다고 해도 무작정 외우기보다는 암기 전략을 세워서 차근차근 암기하는 것이 바람직하다. 효율적인 암기를 위해서는 전략과 기술이 필요하다.

공부라고 해서 무작정 암기하는 것은 매우 비효율적이다. 효율적인 암기를 위해서는 학습 내용에 대한 충분한 이해가 먼저 필요하다. 즉, '선 이해 후 암기'를 해야 한다. 이해도 못하고 무작정 외웠다가는 시험 치기 직전에 머릿속에서 하나도 생각이 나지 않는 경우가 많다. 따라서 "문제가 원하는 답이 무엇인가?", "왜 그런 결과가 나오는가?", "어떠한 과정을 거쳐 나오는가?"를 잘 알고 있다면 자연스럽게 문제를 풀 수 있다. 또한 수학 공식을 외울 때에도 유도 과정을 확실히 안다면, 그것이 쉽게 머릿속에 각인되기 때문에 좀 더 오래 기억에 남게 된다.

암기 과목은 스토리 중심으로 이해하면서 외우면 효과적이다. 국어는 문맥을 이해하면서 단어의 상징성 등을 암기해야 하고, 특별히 중심 문장을 단락

별로 외울 것이 아니라, 전체를 이해하고 외워야 한다.

가. 기초학습 능력을 높이는 암기 방법

1) 심상을 이용한 암기

심상을 이용한 암기는 암기해야 할 내용을 시각화해서 암기하는 것을 말한다. 단어나 문장 형태로 외우려고 하면 우리의 좌뇌는 한계가 있어서 잘 암기되지 않는 경우가 있다. 따라서 우뇌를 활용하여 그림으로 시각화한 다음 외우는 것이 효과적이다. 우뇌와 좌뇌를 한꺼번에 사용하기 때문에 한 번 암기한 것을 쉽게 장기 기억으로 저장할 수 있다. 심상을 이용한 암기 방법은 장소를 이용한 방법과 신체를 이용한 방법이 있다.

① 친숙한 장소를 이용한 암기

자신에게 친숙한 장소 또는 건물 등에 암기해야 할 내용을 순서대로 배열하고 연결시켜 암기하는 방법이다. 이 암기법은 우리에게 친숙한 장소인 집이나 건물에 암기해야 할 항목들을 서로 결합시켜 상호작용하는 것을 재미있는 이미지로 떠올리는 것이다.

> 예 암기할 내용 : 후기 인상파 마네, 모네, 코린트, 고갱
> ⇨ 현관문 → 신발장 → 거실 → 부엌 → 화장실 → 안방에 암기해야 할 내용을 연관시키는 것으로서, 후기 인상파의 경우 '현관문에서는 마네가 나를 기다리고 있고, 신발장에 모네가 신발을 넣고 있고, 거실에는 세잔이 신문을 보고 있고, 부엌에는 코린트가 식사 준비를 하고 있고, 화장실에는 드가가 소변을 보고 있으며, 안방에는 고갱이 자고 있다.'는 식으로 만들 수 있다. 이 방법으로 암기하면 내용이 하나로 연결되면서 암기가 잘 된다.

② 신체를 이용하여 암기하기

사람마다 자신이 선호하는 학습 방법이 있는데 특히 움직임을 좋아하는 학생들은 온몸을 이용해서 외우는 것이 효과적이다. 외우고자 하는 내용을 신체와 연관시켜 상호작용하는 암기법으로서 머리, 눈, 귀, 코, 팔다리 등 온몸을 이용해서 외우고 순서를 암기해야 할 때 매우 유용하다.

> 예 암기할 내용 : 대통령, 국무총리, 장관, 도지사, 시장, 구청장 등의 순서를 암기해야 할 때
>
> ⇨ 머리는 가장 높은 대통령, 오른손은 국무총리, 왼손은 장관, 배는 도지사, 오른발은 시장, 왼발은 구청장이라고 암기하면 무작정 암기하는 것보다 효율적이고 기억에 오래 남는다.

암기해야 할 내용이 많은 경우 머리나 손발로 부족하기 때문에 이마, 코, 눈, 귀, 입 등 신체의 세세한 부분까지 이용하도록 한다.

③ 시각화하여 암기하기

문장 형태로 외우려고 하면 우리의 좌뇌는 한계가 있어서 잘 외워지지 않는 경우가 있다. 따라서 놀고 있는 좌뇌를 활용하기 위해서는 문장 형태를 도표나 그림으로 그려가며 외우는 것이 효과적이다. 한꺼번에 우뇌와 좌뇌를 사용하기 때문에 한 번 암기한 것은 쉽게 잊혀지지 않는다.

> 예 암기할 내용 : 미래로 가기 위한 현재의 문제점 - 경제적 어려움, 인구 감소, 수명연장, 노동시장 변화, 교육의 변화

우리의 미래는 어떻게 될 것인가?

2) 의미 있는 체제화를 통한 암기하기

암기해야 할 정보가 의미가 없으면 장기 기억으로 전환하기 어렵다. 따라서 장기 기억으로 전환하기 위해서는 정보를 의미 있게 만들고, 정교하게 처리할수록 장기 기억으로 전환하기 쉽다.

의미 있는 체제화를 통한 암기는 어려운 것을 쉬운 말로 바꾸어 암기, 자신을 주인공으로 만들어 암기, 즐거운 일과 연결시켜 암기하는 방법이 있다.

① 어려운 것을 쉬운 말로 바꾸어 암기하기

어려운 개념은 이해가 제대로 되지 않은 상태에서 외우기 때문에 기억이 오래가지 못한다. 따라서 어려운 내용을 암기할 때는 일단 알기 쉬운 말로 바꾸도록 한다. 자기 식의 말로 바꾸는 작업은 이미지화 작업과 병행하는 셈이 되어 암기가 훨씬 쉬워진다.

> 예 암기할 내용 : 람세스 2세의 왕비 네페르타리에
> ⇨ 람세스 2세의 왕비는 내배를 타라.

② 자신을 주인공으로 만들어 암기하기

자신을 암기해야 할 내용의 주인공으로 상상해서 자신이 당시에 어떤 일을 했는지를 암기하는 방법이다. 좌뇌의 텍스트를 만드는 기능만이 아니라 우뇌의 이미지 만드는 기능까지 이용하는 것으로 한꺼번에 우뇌와 좌뇌를 사용하기 때문에 한 번 기억하면 쉽게 잊혀지지 않는다. 이 암기법은 주로 사회나 역사 과목에 활용한다.

> 예 암기할 내용 : 대원군의 정책으로 유명한 것은 개혁정책과 쇄국정책의 실시
> ⇨ '내가 만약 대원군이 된다면 나라를 바로잡기 위하여 개혁정책을 추진했으며, 쇄국정책을 실시할 것이다.'와 같이 바꾸어서 암기한다.

③ 즐거운 일과 연결시켜 암기하기

암기해야 할 것들을 즐겁고 유쾌한 체험과 연결시켜 기억하면, 그 경험을 회상하는 것만으로도 기억해야 할 내용이 저절로 떠오르게 된다. 만약 제시된 단어에 대한 경험이 없다면 우선 새로운 경험을 하듯 이야기를 만든 다음 회상하듯이 암기한다.

> 예 암기할 내용 : 붕어, 가물치, 동자개, 메기 등
> ⇨ 아버지와 낚시하러 간 경험을 상기하여 '나는 아버지와 임진강에 낚시를 하러 가서 붕어, 가물치, 동자개, 메기 등을 잡았다.'와 같이 바꾸어서 암기한다.

④ 앞 글자 따서 암기하기

앞 글자를 따서 외우는 방법은 순서나 차례 등을 기억할 때 효과적이다. 순서가 중요할 때는 그대로 사용하고 그렇지 않은 경우에는 첫 글자들의 순

서를 바꾸어 의미 있는 약자로 만든다. 첫 글자만으로 분명하게 구별되지 않을 때는 두 번째 글자를 이용한다든지 조사나 단어를 추가하는 융통성을 발휘하여 기억한다.

암기해야 할 내용의 첫 글자들로 재미있는 문장을 만들어 반복하면 오랫동안 기억할 수 있다. 자기 주변 사람이나 사물과 연관시켜 말이 되게 문장을 만들면 기억이 더욱 잘 된다.

예 암기할 내용 : 수성, 금성, 지구, 화성, 목성, 토성, 천왕성, 해왕성, 명왕성

⇨ 앞 글자만 따서 순서대로 암기하기: 수금지화목토천해명

⇨ 순서를 바꾸거나 조사와 단어를 추가하여 암기하기: 천지해명은 화수목금토

---

⑤ 문장 만들어 암기하기

암기해야 할 첫 글자를 가지고 재미있는 문장으로 만들어 반복하면 오랫동안 기억할 수 있다. 자기 주변 사람이나 사물과 연관시켜 말이 되게 문장을 만들면 기억이 더욱 잘 된다.

예 암기할 내용 : 납세의 의무, 국방의 의무, 교육의 의무, 근로의 의무, 환경보전의 의무, 공공복리의 의무

⇨ 국민은 초등학교 근처에서 공부하면 납 때문에 환장한다.

---

⑥ 유사점과 차이점을 찾아내어 암기하기

외워야 할 것이 여러 가지인 데 서로가 비슷비슷하여 헷갈리는 내용일 경우에는 유사점과 차이점을 찾아내어 암기한다.

예 암기할 내용 : 봄, 여름, 가을, 겨울, 눈, 비, 꽃, 낙엽
⇨ 봄에는 꽃, 여름에는 비, 가을에는 낙엽, 겨울에는 눈

3) 집단화해서 암기하기

성격이 비슷한 것들을 집단으로 묶어 제목을 부여하고 암기하는 방법이다. 기억해야 할 것들을 개별적으로 외우다 보면 서로 연계가 없어서 단기 기억으로 끝나거나 기억에 연결이 잘되지 않을 때가 많다. 따라서 성격이 비슷한 것끼리 집단화하면 서로 연계가 되고 많은 정보를 한꺼번에 기억할 수 있을 뿐만 아니라 장기 기억의 용량도 증가시킬 수 있다. 집단화해서 기억할 때 중요한 것은 분류할 수 있는 비슷한 것들을 하나의 집단으로 묶는 것이다.

예를 들면 다음과 같다.

〈표 6-1〉 집단화

집단의 이름	단어
감정	슬픔, 기쁨, 놀라움, 즐거움, 아픔
주방용품	주걱, 냄비, 도마, 칼, 행주
빵	밤식빵, 식빵, 건포도빵, 바게트, 팥빵
음료	콜라, 주스, 사이다, 녹차, 우유
비	봄비, 부슬비, 안개비, 소나기, 폭우

4) 마인드맵을 활용해서 암기

마인드맵은 마음속에 지도를 그리듯이 줄거리를 이해하며 암기하는 방법

으로 1971년 영국의 토니 부잔이 처음 만들었다. 이후 세계적인 석학들의 과학적인 검증과정을 거쳐 두뇌 활용을 극대화하는 사고 및 학습 방법으로 자리를 잡았다.

마인드맵은 이미지와 핵심어, 그리고 색과 부호를 사용하여 좌•우 뇌의 기능을 유기적으로 연결함으로써, 두뇌의 기능을 최대한 발휘할 수 있는 사고력 중심의 암기 방법이다.

주제를 정하고 키워드를 적은 다음, 식물이 줄기에서 가지로 뻗어나가듯이 사고의 가지를 만들고 마디마다 연상되는 단어를 연결하여 암기한다.

나. 암기를 잘하는 방법

1) 반복하여 암기한다.

사람은 누구나 한번 본 것을 전부 외울 수는 없다. 따라서 학습한 내용을 잊어버리기 전에 끊임없이 반복하면 암기가 되어 기억에 오래 남게 된다. 평범한 학생이라면 기본적인 암기 능력에서 공부 잘하는 학생과 못하는 학생이 크게 차이가 나지 않는다. 다만 암기 전략과 기술을 알고 있느냐와 모르느냐의 차이가 시험 성적을 결정한다.

2) 오감을 활용하여 암기한다.

암기할 때 눈으로 교재나 노트를 훑기만 하는 것은 전혀 도움이 되지 않는다. 오히려 시간만 낭비하게 된다. 짧은 시간 고효율의 암기를 하려면 머릿속에 있는 학습 내용을 교재나 노트를 보지 않고 오감으로 표현하는 것이 좋다.

오감으로 암기하는 방법은 머릿속에 있는 학습 내용을 손으로 써보거나, 읽어보거나, 몸의 움직임으로 표현하는 것이 좋다. 오감을 전부 활용하면 눈으로 훑는 것보다 훨씬 오랫동안 기억에 남게 된다.

3) 남을 가르치며 암기한다.

수업이 끝난 후 쉬는 시간에 친한 친구를 찾아가 전번 시간에 배운 것을 마치 선생님처럼 알려줘 보자. 친구를 위해 수업 시간에 배운 것을 다시 가르치다 보면 자신도 모르게 확실한 암기 효과가 생긴다. 남을 가르치기 위해서는 선생님처럼 처음부터 끝까지 철저히 들어야만 가능하기 때문에 수업에 대한 집중도도 좋아지고, 들은 것을 바로 암기하는 데 효과가 생긴다.

4) 묵독과 암송을 1대 4로 배분한다.

묵독과 암송을 1대 4로 배분하여 암기하는 것이 가장 효과적이라고 하였다. 묵독이란 교재를 단순하게 읽는 것을 말하고, 암송이란 쓰거나, 읽는 것을 활용하여 머릿속에 떠올리는 것을 말한다. 즉, 1번 읽고, 4번 반복해서 쓰거나 소리 내어 외우는 것을 의미한다.

5) 암기한 것을 그 자리에서 테스트해 본다.

암기한 내용은 그것을 활용함으로써 더욱 확실한 것이 된다. 따라서 금방 암기한 것이라도 연습 문제나 평가 문제 등을 풀어봄으로써 정확한 암기의 확인을 하여 자기 것으로 만드는 것이 좋다.

6) 취침 전 30분에 집중적으로 암기한다.

미국의 심리학자인 제임스 젠킨스(James J. Jenkins)박사는 평균 점수 차가 없는 학생들을 A와 B 두 그룹으로 나누어 각각 같은 수업을 한 후 A그룹은 수업이 끝난 후 바로 자도록 했고, B그룹은 자유 시간을 주었다. 실험 결과 A그룹의 수업 내용 기억량이 평균 56%였는데, B그룹은 9%에 불과했다고 한다. 따라서 자기 30분 전을 최대한 이용하여 집중적으로 암기하면 다른 때 암기하는 것보다 몇 배의 효과를 얻을 수 있게 된다.

다. 효과적인 암기법

1) 암기 카드를 만들어 암기한다.

외워야 할 것이 많을 때는 암기 카드를 만들어서 자주 보고 외우는 것이 효과적이다. 암기 카드는 손안에 들어갈 수 있는 크기가 좋으며, 형태는 고리로 연결할 수도 있고, 접는 것도 있다. 형식은 한 장에 외울 것들을 전부 적을 수도 있으며, 앞장에는 단어가 있고 뒷면에는 해석을 넣을 수도 있다.

[영어 단어]	
play	놀다
long	길다
③ 요점 정리 서울의 기후가 제일 특이하다.	

2) 단어는 문장과 함께 외운다.

단어는 그 자체만 독립해서 외우는 것보다는 문장과 함께 외우는 것이 훨씬 효과적이다. 단어 자체는 개별적이고 추상적인 정보에 해당하기 때문에 암기가 어려우나 문장은 이미지나 상황을 연상하기 때문에 암기가 쉬워진다.

> 예 암기할 내용 : glad ; 기쁜
> ⇨ Your letter made me so glad

3) 중요한 것은 처음과 마지막에 외워라.

사람은 심리학적으로 앞에 암기한 것에 억제를 받아 다음에 암기하는 것은 좀처럼 기억하기가 어렵다고 한다. 따라서 중요한 것은 암기할 때 맨 처음 외우거나 맨 마지막에 외워야 기억하기 좋다.

> 예 암기할 내용 : 중요한 것 ; 행복, 사랑
> ⇨ 행복, 기쁨, 희망, 비전, 도전, 배려, 사랑

4) 리듬이나 곡을 붙여서 노래하듯이 암기한다.

여러 개의 단어나 문장을 한꺼번에 외워야 할 경우, 리듬이나 곡을 붙여서 노래하듯이 노래하면 기억이 나지 않다가도 리듬이나 노래만 생각하면 바로 기억이 되는 효과를 가지고 있다.

> 예 암기할 내용 : 역사를 빛낸 인물들
> 아름다운 이 땅에 금수강산에 단군 할아버지가 터 잡으시고
> 홍익인간 뜻으로 나라 세우니 대대손손 훌륭한 인물도 많아
> 고구려 세운 동명왕 백제 온조왕 알에서 나온 혁거세
> 만주 벌판 달려라 광개토대왕 신라 장군 이사부
> 백결 선생 떡방아 삼천 궁녀 의자왕
> 황산벌의 계백 맞서 싸운 관창 역사는 흐른다

06. 발표 전략

　우리나라 사람들은 남들 앞에 서는 문화가 생활화되어 있지 않기 때문에 발표를 앞두게 되면 발표 경험이 없는 사람들은 보편적으로 심한 스트레스를 느낀다. 실제로 통계자료를 보면 우리나라 직장인 열 명 가운데 아홉은 업무와 관련한 각종 발표 때문에 심한 스트레스와 심적 부담을 느낀다고 한다.

　누구든지 처음 발표하게 되면 여러 사람 앞에 선다는 생각 만해도 긴장을 하게 되고, 실제로 강단에 서서는 사시나무 떨듯이 떠는 경우가 많다. 그러다 보니 몸이 떨려 목소리까지 떨리게 되고 결국 혀가 뒤엉켜서 말까지 더듬게 된다. 그렇게 되면 아무리 많은 것을 안다고 해도 제대로 전달하기는 커녕 말 한마디 제대로 하지 못하고 강단을 내려오는 경우가 있다.

　수행평가만큼이나 중요한 것이 바로 발표다. 따라서 좋은 결과를 얻기 위해서는 발표를 잘할 수 있어야 한다. 아무리 많은 것을 알고 있다고 할지라도, 학생들 앞에만 서면 떨리거나 두려워져서 효과적으로 발표하지 못한다.

가. 자신감 있게 발표하는 방법

　1) 긍정적인 암시로 자신감을 갖는다.

　발표하기 전에 '나는 잘할 수 있다.', '나는 자신 있게 발표할 수 있다.'와 같이 긍정적인 암시로 자신감을 갖도록 한다. 그리고 발표장에 들어가기 전에 크게 심호흡을 한번하고 배에 힘을 주면 떨리는 현상은 상당히 줄어든다.

2) 발표 순서를 적어둔다.

발표 주제와 순서를 칠판의 구석이나 메모지에 적어두고 언제나 볼 수 있도록 하면 발표 순서가 일정하게 진행될 수 있으므로 오로지 발표에만 신경 쓸 수 있게 된다. 또한 당황해서 발표 내용을 잊어 버려도 발표 순서를 보면 다시 기억할 수 있으므로 최악의 상황에서 의지가 된다.

발표 순서를 적어두는 것만으로 순조로운 발표를 진행하기가 어려우면 교재를 펴 놓고 잠시 보면서 발표하는 것도 자신감을 갖게 해주는 요인이 될 수 있다. 비록 매끄러운 발표는 아니더라도 발표를 차분히 시작할 수 있게 해준다.

3) 타인은 진지하게 듣지 않고 있다는 사실을 명심한다.

발표에 대한 두려움을 갖거나 떨리는 이유는 남들보다 잘해야 한다는 부담감이나 학생들이 자신의 발표에 대하여 처음부터 진지하게 듣고 있다는 생각으로부터 시작한다. 그러나 학생들은 의외로 자신의 발표에 대하여 처음부터 진지하게 듣지 않는 경우가 많다는 것이다. 따라서 발표를 완벽하게 해야 한다는 부담감에서 벗어나, 최선을 다한다는 생각을 가지면 여유가 생긴다.

4) 잘하려는 욕심을 버린다.

발표에 대한 공포가 생기는 것은 훌륭한 발표가 되길 바라는 자신의 욕구가 강하기 때문이기도 하다. 따라서 자신이 공포증이나 떨고 있다는 생각이 들면 너무 잘하려는 의지를 버리고 조금 성의 없이 보일지라도 자연스럽게 1대 1로 대화한다고 생각하고, 대화하듯이 발표하면 무사히 발표를 마칠 수 있다.

5) 실전처럼 연습한다.

완벽한 준비 후에는 연습을 실전처럼 해보아야 한다. 특히 발표 공포증을 많이 느낄수록 연습을 많이 하는 것이 좋다. 가장 좋은 방법은 여러 학생을 놓고 미리 연습하는 것이 좋지만, 그렇게 하기 어렵기 때문에 거울을 앞에 놓고 거울을 보면서 실제로 발표하는 것처럼 하면서 잘못되거나 어색한 부분을 수정해 나가는 것이 좋다.

전체를 연습하는 것이 바람직하지만, 적어도 첫 10분 정도에 해당하는 발표를 연극 대본을 외우듯이 연습하는 것이 좋다. 발표의 시작이 바라던 만큼 매끈하게 진행되면 어느덧 발표 공포증이 슬며시 사라지게 된다.

나. 발표 도중 말문이 막히는 경우 응급조치 요령

발표 도중 말문이 막히는 경우가 종종 있다. 이때는 잠시 아무것도 기억할 수 없고, 당황하게 되어 발표를 망치게 되는 경우가 있다. 그러나 이럴 때일수록 발표자는 침착해야 한다. 그러나 잘 준비하였는데도 말문이 막힐 때는 다음과 같이 해서 위기를 모면한다.

- 발표 내용을 생각하는 동안 지금까지의 발표 내용을 다시 한번 요약해준다.
- 창문을 열게 한다든가. 잠깐 기지개를 켤 수 있게 한다.
- 학생들이 메모할 수 있도록 1~2분가량 시간을 준다.
- 발표와 관련된 내용에 대하여 질문한다.
- 아무 내색도 하지 않고 다음 항목으로 넘어간다.
- 완전히 생각이 나지 않아서 당황을 오래 하게 되면 솔직하게 준비를 충분히 하지 못한 점에 대해서 사과하는 것이 오히려 발표자의 정직성을 살리는 것이다.

06. 시간 관리 전략

성공하고자 하는 사람들은 평소에도 시간 관리를 열심히 하는 사람들이다. 지금까지 공부를 잘한 학생들을 보면 결국은 시간 관리에서 성공한 학생들이 대부분이다. 그들은 시간의 중요성을 깨닫고 많은 시간을 공부에 투여함으로 인하여 성공하였고, 나아가 효율적인 시간 관리를 깨닫게 되면서 성공은 굳어지게 된 것이다.

시간 관리 전략이란 자신에게 주어진 시간을 면밀하게 분석하여 쓸모없는 곳에 시간을 낭비하지 않았으며, 기존의 시간 사용 습관에 대하여서도 최소한의 시간에 최대한의 효과를 보기 위하여 최대한 노력하는 것을 말한다.

시간이란 한번 지나면 다시는 돌아오지 않는 것이므로 항상 신중히 생각하여 행동해야 한다. 우리는 시간의 중요성에 대한 말들을 주변에서도 흔히 접할 수 있다. 그 대표적인 예로, '시간은 금이다.', '하루 5분이면 인생이 바뀐다.', '하루하루를 우리의 마지막 날인 듯이 보내야 한다.', '세월은 화살과 같이 지나간다.' 등 하루하루를 의미 있게 보내라는 뜻이 대부분이다.

이처럼 시간이 소중한 것은 분명 시간이 우리 인생 중에서 가장 가치 있는 자산 중의 하나이기 때문이다. 이렇게 소중한 자산인 시간을 최대로 활용하기 위해 시간 관리를 해야 한다.

시간 관리를 잘못하여 공부 시간이 부족한 상태에서 시험을 잘 보기를 원한다는 것은 도전은 하지 않고 마음만 성공하기를 원하는 것과 같다.

공부에 관심이 있는 학생이라면 시험을 보기 직전에 '좀 더 시간이 많았더라면...'이라는 생각을 누구나 해 보았을 것이다. 이제 시간이 모자라서 공부를 못했다고 하는 변명을 하기보다는 자신에게 주어진 제한된 시간을 활용할 수 있는 시간 관리 전략이 필요하다.

가. 공부에 도움이 되는 시간 관리 전략

공부를 함에 있어서 아무 생각 없이 공부하기보다는 시간 관리 전략을 활용해서 공부하면 효율적으로 할 수 있다. 시간 관리 전략이란 시간 사용계획을 세우고, 시간대를 선택하여 집중해서 공부하고, 반복되는 공부는 습관화하고, 복잡한 공부를 단순화해서 공부하게 되면 무작정 공부하던 때보다 공부가 효율적으로 될 뿐만 아니라 많은 시간을 벌 수 있다.

1) 시간 사용계획 세우기

오래된 속담이지만 좋은 문구가 있다. '어느 누구나 실패하기 위해 계획을 세우진 않지만, 실패하는 사람들은 단지 계획을 세우는 데 실패하기 때문이다.' 결국 계획을 제대로 세우지 않기 때문에 실패한다는 것을 의미한다. 따라서 시간 관리를 잘하기 위해서는 시간 사용계획을 잘해야만 한다. 공부를 계획적으로 하기 위해서는 시간 사용계획을 확실히 세우는 것이 무엇보다 중요하다.

1년 시간 사용 계획표는 새로운 한 해를 시작하는 데 매우 유용한 도구다. 시작할 때 무슨 일에 집중해야 하는지를 결정할 수 있게 해주기 때문이다. 새해가 시작되면서 결심했지만, 어디서부터 손대야 할지 몰라 막막하던 기분을 떨쳐버리게 해줄 것이다. 1년이 너무 길면 1달, 1달이 길면 1주일, 1주일이 길면 하루의 시간 사용 계획표를 만들어 보면 하루가 다르게 보인다.

2) 시간대를 선택하여 집중해서 공부하기

공부를 못하는 학생의 특징 중에 하나는 닥치는 대로 공부하는 습관을 가진 학생이라고 한다. 이처럼 생각나는 대로 공부하는 것은 그다지 현명한 방법이 아니다. 사람은 시간대에 따라 정신 집중이 잘되는 시간이 있다. 예를 들어 새벽에 정신 집중이 잘 되는 사람, 아침, 점심, 저녁, 심야에 정신 집중이 잘되는 사람이 있다. 정신 집중이 잘된다는 것은 그만큼 능률이 높은 시간에 공부를 하기 때문에 효과적인 공부를 할 수 있다.

3) 반복되는 공부는 습관화한다.

똑같은 공부를 반복적으로 하다 보면 습관이 되어 빨리할 수 있는 것들이 많다. 그런 학생들을 공부의 달인이라고 한다. 공부를 잘하는 학생들은 매일 공부 습관이 되었기 때문이기도 하지만, 어떻게 하면 공부를 효과적으로 할 수 있을까를 고민하였기 때문에 가능한 것이다.

따라서 자신에게 매일 반복되는 공부를 어떻게 하면 시간을 줄여서 효과적으로 할 수 있는지, 습관화할 수 있는지를 고민해야 한다. 반복되는 공부를 습관화하다 보면 적은 시간에 예전보다 많은 공부를 할 수 있기 때문에 똑같은 시간을 공부해도 시간이 남게 된다.

4) 복잡한 공부를 단순화해서 한다.

어떤 공부든 처음에는 부담스러울 수밖에 없다. 그러나 해야 할 공부에 대하여 충분하게 분석해 보면 쉽고 단순하게 처리할 수 있는 방법이 보인다. 특히 복잡한 공부일수록 충분한 분석을 해보면 공부를 단순화할 수 있는 것이 많다. 복잡한 공부일수록 분석하지 않고 공부하다 보면 오히려 우왕좌왕하다 시간만 낭비하게 된다. 따라서 어떤 공부든 충분한 분석을 통해서 공부를 단순화하다 보면 효과적으로 공부할 수 있는 길이 보이게 된다.

5) 나무보다는 산을 보면서 공부한다.

사물을 보는 방법에는 미시적인 접근 방법과 거시적인 접근 방법이 있다,

미시적 적근 방법으로 공부를 보면 양이 많다거나, 복잡하거나, 힘들다거나, 어렵다거나 하는 생각에 빠지게 된다. 그러나 거시적인 접근 방법으로 공부를 보면 이 공부를 어떻게 접근할 수 있는지, 얼마나 효과를 얻을 수 있을까를 생각하면서 공부에 집중하게 됨으로써 출발 자체가 틀리게 된다.

6) 시간 도둑을 제거한다.

시간 관리의 전문가 하이럼 스미스(Hyrum W. Smith)는 원하지 않는 데 우리의 시간을 뺏어가거나 낭비하게 하는 요인을 시간 도둑이라고 하였다. 시간 도둑을 외적인 요인과 내적인 요인으로 구분하면 다음과 같다.

〈표 6-2〉 시간 도둑

외적인 요인	내적인 요인
방해에 의한 중단, 불분명한 정의, 불필요한 대화, 과도한 공부, 커뮤니케이션 부족, 우선순위의 변경과 충돌, 부모의 심부름, 소음 등	무기력한 태도, 개인적 혼란, 건망증, 남의 말을 못 알아듣는 것, 우유부단함, 실천력 부족, 완수하지 않은 공부의 방치, 정리되지 않은 공간, 뒤로 미루기, 외부 활동, 불분명한 목표, 엉성한 계획, 괜한 걱정, 과도한 의욕 등

시간 도둑의 요인들은 개인에 따라서 개인의 생활방식에 따라 다를 수 있다. 어떤 학생에게는 시간 도둑인 것이 어떤 학생에게는 아니기 때문이다. 그러나 시간 도둑이라면 빨리 제거하도록 노력해야 한다.

나. 자투리 시간 활용 전략

학생들은 자주 시간이 없다는 핑계를 댄다. 그러나 역설적으로 이야기하면 시간이 없다고 이야기할 수 있다는 것은 그만큼 여유가 있는 것이다. 진정으로 바쁜 학생은 바쁘다는 생각을 할 수 없을 만큼 바쁘기 때문이다. 하루를 돌이켜 보면 내가 활용할 수 있는 자투리 시간은 매우 많다. 자투리 시간은 하루에 쓸데없이 보내는 시간을 말한다.

우리 생활 속에서 자투리 시간만 모아서 잘 관리해도 시간은 많다. 그러나 꼭 시간이 많은 것이 중요한 것이 아니라, 남는 주어진 시간을 어떻게 하면 짜임새 있게 잘 사용하느냐가 성공의 관건이 된다. 이러한 자투리 시간을 모아서 공부에 사용하면 많은 시간을 벌게 될 것이다. 자투리 시간을 활용하는 방법은 다음과 같다.

1) 걸어 다닐 때도 공부 계획을 세운다.

사람은 하루를 살다 보면 걷는 일은 항상 있게 마련이다. 학교를 등하교하거나, 식당을 가거나 등등 아무리 차를 타고 다녀도 최소한의 걸음을 하게 된다. 걸어 다니는 일처럼 사람을 한 가지 일에만 몰두하게 하는 일도 없다. 왜냐하면 걷는 동안에 다른데 신경을 써버리면 사람이나 장애물과 부딪히기도 하고 길을 잘못 들을 수도 있게 하기 때문이다. 그래서 오직 걷는 일에만 몰두하게 된다. 그러나 그렇다고 오직 걷는 일에만 몰두하기에는 너무 아까운 것이 걷는 데 드는 시간이다.

그러나 걷는 데 드는 자투리 시간도 생산적으로 활용할 수 있는 방법이 있다. 즉, 걸으면서 다른 일을 하기는 어렵지만, 생각은 할 수 있다는 것이다. 그러나 생각도 자유로운 생각으로만 끝난다면 걸음을 걷는 동안은 무의미할 수 있다. 따라서 공부를 효율적으로 진행하는 방법에 대하여 생각한다면 걷는 동안의 자투리 시간은 생산적으로 활용할 수 있다. 즉, '내가 지금하고 있는 공부를 더 잘 할 수 있는 방법은 무엇일까?', '바로 도착하자마자 어떤 공부부터 시작해야 하는가?', '공부를 시작하려면 어찌해야 할까?, '공부를 시작하기 위해서는 무엇을 준비해야 하는지?'를 생각하면서 걷다 보면 의외로 생산적인 시간 관리를 할 수 있다.

걷는 동안 쓸모없이 보내는 자투리 시간에 공부 계획을 세우면 도착해서 바로 공부에 몰입할 수 있기 때문에 쓸모없는 자투리 시간이 생산적인 시간으로 변하게 할 수 있다.

2) 버스나 전철을 타는 시간도 공부한다.

학생들은 집을 떠나 학교까지 버스나 전철을 타고 도달하는 등하교시간으로 족히 30분은 잡는다. 왕복이면 하루에 1시간, 일주일이면 5시간, 1년이면 110시간, 날짜로 따지면 5일에 가깝다. 차 안에서 아무것도 하지 않고 가만히 목적지만 기다리게 되면 자투리 시간을 버리게 되는 것과 같다. 따라서 차를 타고 다니는 통학 시간의 자투리 시간을 이용하여 공부에 투자한다면 엄청난 효과가 생기게 된다.

차를 타는 것은 목적지에 가기 위한 수단이라고만 생각하지 말고, 이제 차를 타는 것을 교통수단으로만 보지 말고, 버스나 전철 안에서 이동 중에도 공부를 하면 자투리 시간을 활용할 수 있다. 습관이 되지 않은 사람은 혼란스러워서 하기 힘들지도 모른다. 그러나 재미있는 만화책이라도 보는 연습을 통해서 습관이 되면 버스나 전철 안이 나의 독서실이 된다.

요즘 나오는 책들은 딱 잡으면 2시간이면 읽을 수 있는 책들이 많다. 매일 출근 때는 책을 읽어보자 그럼 한 달이면 20권, 1년이면 240권, 10년이면 2,400권을 읽게 된다. 이렇게 자투리 시간을 이용하여 책을 읽는다면 바로 당신은 10년 뒤에는 몰라볼 정도로 성공의 길을 가고 있게 될 것이다.

3) 휴식 시간을 너무 오랫동안 갖지 않는다.

세상의 모든 생명체는 일정한 활동 뒤에는 반드시 휴식을 갖는다. 생명체뿐만 아니라 기계도 마찬가지다. 하물며 이 세상의 모든 동물 중에서도 가장 정교한 내부 조직과 체계를 지닌 인간이야 더욱 그러하다.

휴식은 사람을 여유롭게 하기도 하고 새로운 활력을 가져다준다. 또한 충분한 휴식을 취해야만, 육신과 영혼이 최상의 상태에서 최고의 효율적인 공부를 다시 시작할 수 있게 된다. 따라서 휴식은 공부를 더욱 효율적으로 하는 데 꼭 필요한 요소라고 할 수 있다. 그러나 문제는 휴식이 길어지면 길어질수록 타성에 젖게 되고 나태해지기 쉽다는 데 문제가 있다. 나태해지면 다시 공부를 시작하려 해도 공부가 쉽게 손에 안 잡히거나 매일 해왔던 공부인데도 불구하고 어색하게 느껴지는 경우가 있다. 휴가를 갔다 온 후 공부가 손에 잡히지 않는다고 하는 것이 바로 이러한 이유 때문이다. 따라서 예전처럼 공부를 능숙하게 하려면 일정한 시간 동안 적응 시간이 필요하다.

4) 화장실에 있는 시간을 활용하라.

사람은 매일 화장실을 몇 번이고 가야 하는 생리적 현상을 가지고 있다. 하루에 3번 정도 화장실을 간다고 가정했을 때 대변을 보는 시간이 5분, 소변보는 시간을 1분씩만 잡아도 7분을 화장실에서 보낸다. 1달이면 210분, 시간으로는 3시간 반이다. 1년이면 36시간 즉, 하루하고도 반나절을 화장실에서 보내는 것이다. 이처럼 화장실에서 보내는 시간이 바로 우리가 주의해야 할 자투리 시간이다.

소변이야 시간이 짧아서 어쩔 수 없지만, 대변을 볼 때 화장실에 앉아서 아무 생각 없이 있지 말고 하다못해 신문이나 독서라도 해보자. 그러면 1년이면 하루 반나절을 자기 자신을 위해서 쓸 수 있는 시간이 된다. 따라서 남들이 의미 없이 보내는 화장실에서의 시간을 독서라도 한다면 남들보다 인생을 길게 의미 있게 보낼 수 있다.

소변을 보러 화장실에 가는 순간에도 잠시간의 휴식과 같이 병행한다는 생각을 하면 의미 없이 보내는 시간보다는 의미가 크다고 할 수 있다. 나아가서 휴식뿐만 아니라 화장실을 다녀오는 시간 동안 방금 전까지 했던 공부에 대하여 상황을 체크해 보고, 화장실에서 나가 책상 앞에 앉으면 다시 무슨 공부를 할까 고민하다 보면 자연적으로 화장실에서 보내는 자투리 시간으로 인하여 학습에 대한 효율성을 가져오게 된다.

5) 전화 통화나 톡은 계획을 세워서 한다.

요즘 통신기기의 발달과 함께 전화로 많은 일들이 진행된다. 특히 스마트
폰의 전 국민 보급화에 따라 수시로 전화가 걸려거나 톡을 해서 오히려 공부
를 방해하는 경우가 많다. 따라서 공부하는 도중에 전화나 톡이 오면 최소한
의 연락만 하고 다시 공부에 집중해야 공부를 계속할 수 있다.

다. 시간 우선순위 결정 전략

『성공하는 사람들의 7가지 습관』이란 저서로 유명한 스티븐 코비
(Stephen Covey)박사나, 효과적인 시간 관리로 유명한 토니 제어리(Tony
Jeary)나, 자기 계발 분야에서 큰 명성을 얻고 있는 브라이언 트레이시
(Brian Tracy)는 "시간 관리를 잘하는 데 가장 중요한 것은 일의 우선순위
를 정하는 것이라고 하였다." 또한 그들은 "대부분의 사람들은 중요한 일을
하는 것보다는 긴급한 일을 먼저 하는 습관에 젖어 있다."고 하였다. 결국
우리는 중요하지도 않은 일인데도 불구하고 긴급한 일이 중요한 것이라고
생각하고 일을 하다 보니 시간 관리가 엉망이 되는 경우가 많다. 시간 관리가
잘못되면 일의 우선순위가 높은 정작 중요한 일은 하지 못하게 된다.

사람들은 가치 없는 일들을 먼저 하게 되면 소중한 시간과 에너지를 소비
하게 되기 때문에, 정작 뒤에 해야 할 중요한 일을 하려고 할 때면 시간과
에너지가 부족하여 좋은 결과를 내기 어렵다는 것이다.

따라서 공부의 우선순위를 정할 때는 다음의 기준을 가지고 공부를 구분
하면 도움이 된다.

1) 급하지만 중요하지 않은 일보다 급하지 않고 중요한 일을 먼저 한다.

사람들은 급한 일이 중요한 일이라고 생각한다. 따라서 급한 일이 떨어지

면 그 전에 해오던 중요한 일들도 모두 손을 놓고 급한 일을 해결하기 위해서 분주해지는 경우가 많다. 그러나 의외로 우리가 급하다고 하는 일들 중에는 중요하지 않은 일들이 많다.

스티븐 코비는 성공적인 삶을 산 인물들은 대부분 급하지 않지만 중요한 일에 신경 쓰고, 평범한 사람들의 70%가 급하지만 중요하지 않은 일에 시간을 많이 쓴다고 하면서 성공하기 위해서는 이 급하지 않지만 중요한 일을 실천하기 위한 습관을 들여야 성공한다고 하였다.

급하지만 중요하지 않은 일은 끝도 없는 회의, 우편물 정리, 집안 청소, 식사 메뉴 정하기, 매일 만나는 친구 만나기, 개업식에 참여하기 등등이 여기에 해당한다.

이런 일들의 특징은 바쁜 하루 일과를 정리하고 조용히 앉아 생각해 보면 하루 종일 분주하게 뛰어다닌 것 같은데도 정작 오늘 한 일이 무엇인가를 메모를 하자니 마땅히 적을 것이 없는 상황과 같다.

급하지만 중요하지 않은 일들은 금방 효과가 나는 자극적인 일이기에 생기면 바로 해결하려고 하게 되어 결국에는 상대적으로 급하지 않고 중요한 일에 대해서는 관심을 가지기가 어렵다.

급하지 않고 중요한 일은 좋은 책 읽기, 우정 다지기, 외국어 익히기, 견문 쌓기, 인격 다듬기, 가족애 만들기, 건강 지키기, 네트워크 넓히기 등이 여기에 해당한다. 이것들은 인생을 살아가는 데 정말 중요한 일이지만 오늘 당장 급하지 않기 때문에 항상 다음으로 밀려나는 일이기도 하다. 일단 내일로 밀려난 일들은 다음에도 역시 급하지 않아 다시 다음으로 밀려나 결국 평생 이루어지기 어려운 일도 많다.

공부에서도 마찬가지로 중요한 공부는 국어, 영어, 수학과 같은 주지 교과목이며, 나머지는 중요한 순위가 뒤로 밀리는 공부다. 주지 교과목은 시험에서 점수 배정도 많으며, 기초가 없으면 다음으로 진행하기 어려운 공부이므로 공부를 시작할 때는 주지 교과목부터 공부해야 한다.

2) 과거의 공부보다는 미래의 공부를 먼저 한다.

일을 잘못하는 사람들은 과거의 일에 매달리고, 일을 잘하는 사람은 미래의 일에 매달린다는 말이 있다. 우리가 하고 있는 일들을 잘 분석해 보면 많은 일들이 미래의 일보다는 일어난 일들을 해결하는 과거의 일을 하는 경우가 많다. 예를 들어 시험에 대비하는 공부를 하는 일은 미래의 일이지만, 시험을 못 본 것에 괴로워하는 일은 과거의 일이 된다.

과거의 일은 대부분 반복적이므로 습관적으로 해결할 수 있는 일이 많으나, 미래의 일은 창의적인 일이 많으며 처음 하는 일이 많다고 할 수 있다. 따라서 과거의 일은 누구든 시간이 지나면 숙달되지만, 미래의 일은 그만큼 열정이 필요한 일이다.

개인적으로 일의 우선순위를 결정할 때는 미래의 일을 먼저 해야 창의적인 부분에 집중해서 일할 수 있으며, 미래의 일을 마치고 과거의 일을 할 때는 큰 힘을 들이지 않고 매번 했던 일이라 쉽게 진행할 수 있다. 그러나 과거의 일을 먼저 하다 보면 습관적으로 해오던 일이라 매우 쉽게 처리할 수는 있지만, 미래의 일을 시작할 때는 그만큼 에너지가 감소하여 전념하기 어려울 수가 있다. 이것은 공부에서도 마찬가지다.

3) 작은 일보다는 큰일을 먼저 한다.

작은 일이란 한 번에 끝나는 단순한 일로 문자나 톡 보내기, 인터넷 하기와 같은 일을 말한다. 반면에 큰일이란 시험을 준비하거나, 수행평가 보고서를 작성하는 일을 말한다. 작은 일은 시간이 얼마 들지 않을뿐더러 작은 에너지로도 쉽게 처리할 수 있는 일이지만, 큰일은 시간이 많이 걸릴 뿐만 아니라 많은 에너지를 필요로 한다.

따라서 일의 우선순위를 결정할 때는 작은 일보다는 큰일에 우선해야 하며 작은 일은 남들에게 위임해도 충분하다. 작은 일을 직접 해야 한다면 큰일을 하는 도중 자투리 시간을 이용하여 하는 것이 좋다.

4) 부분적인 일보다는 핵심적인 일을 먼저 한다.

일을 나무와 비교를 해보면 줄기와 같은 핵심적인 일이 있는 반면에 가지와 같은 부분적인 일이 있다. 만약 일의 우선순위를 정할 때 부분적인 일을 먼저하고 핵심적인 일을 나중에 하다 보면, 가지가 너무 화려하게 되고 줄기는 빈약해지는 결과가 생길 수 있다. 반대로 일의 우선순위를 정할 때 핵심적인 일을 먼저 진행하면 부분적인 일은 자동으로 해결되기도 한다.

따라서 어떤 공부든 공부 분석을 통해서 부분적인 일이 무엇인지, 핵심적인 일이 무엇인지를 정확히 구분해서 일의 우선순위를 정할 때 핵심적인 공부를 먼저 하다 보면, 자연적으로 부분적인 공부들이 쉽게 되는 때가 많다.

5) 쉬운 일보다는 어려운 일을 먼저 한다.

사람들은 쉬운 일과 어려운 일이 있으면 쉬운 일을 먼저 하려는 속성을 가지고 있다. 쉬운 일을 먼저 하면 일의 속도는 붙지만, 나중에 어려운 일들이 기다리고 있다는 부담감을 가지기 때문에 일에 효율성이 떨어지기 쉽다. 따라서 쉬운 일부터 하다 보면 쉬운 일이 다 끝나면 에너지가 소진되어 어려운 일은 하지 못하는 경우가 많다.

공부에서도 마찬가지로 공부의 우선순위를 정할 때 어려운 공부부터 하게 되면 에너지가 충분해서 공부가 잘되고, 나중에 쉬운 공부를 할 수 있다는 기대감에 공부에 효율성이 높아진다.

07. 공부 습관 바꾸기

미국의 저명한 심리학자 윌리엄 제임스는 인간은 습관들의 묶음으로 이루어진 존재라 하고 "생각이 바뀌면 행동이 바뀌고, 행동이 바뀌면 습관이 바뀌고, 습관이 바뀌면 인격이 바뀌고, 인격이 바뀌면 운명까지도 바뀐다."고 하였다. 즉, 생각과 습관의 중요성을 이야기하고 있다.

우리가 어떤 습관을 길들이는가에 따라 우리들의 운명도 달라지게 된다. 공부에 대한 습관도 마찬가지다. 공부를 대할 때 어떤 습관을 가졌느냐에 따라 좋은 결과가 나올 수도 있으며, 좋지 않은 결과가 나올 수도 있다. 따라서 잘하기 위해서는 공부의 습관을 좋게 길들이는 게 중요하다. 공부의 습관을 좋게 길들이는 방법을 보면 다음과 같다.

가. 학습 우선순위 결정하기

시간이 부족하다고 생각하는 사람들은 거의 모두가 해야 할 공부가 너무 많다는 불평을 한다. 그러나 그 사람들의 해야 할 공부에 대해서 잘 들어보면 중요하지 않은 공부임에도 불구하고 중요하다고 생각하는 경우가 많았다. 더욱이 하지 않아도 될 공부를 굳이 하면서 바쁘다는 것이었다.

이런 경우는 공부의 우선순위를 결정해주고 어떻게 우선순위를 정해야 하는지를 결정하면 쉽게 해결할 수 있다. 내가 하루에 해야 할 공부를 미리 적어보고 그중에서 가장 우선시해야 할 공부를 순서대로 적어 본다. 그리고 하지 않아도 될 공부나 나중에 해야 할 공부를 결정해 보자. 그럼 시간을 효율적으로 사용할 수 있는 방법이 보인다.

공부할 때는 가장 효율적으로 진행할 수 있는 순서를 미리 정해두는 것이 좋다. 미리 순서를 정해두고, 그 순서대로 공부를 추진하면 확실하게 마무리를 지을 수 있다. 다음에도 같은 공부를 해야 하면 공부의 순서를 알고 있기 때문에 안심하고 쉽게 할 수 있다. 또한 지금 다른 공부를 하고 있는 중에도 다른 공부가 떨어지면 공부를 정확하게 알고 있기 때문에 지금 하는 공부에 열중할 수 있다. 그렇지 않으면 설령 한 가지 공부를 끝냈다고 하더라도 다음에 무슨 공부를 하면 좋을지를 몰라 우왕좌왕하게 된다.

만약 예측불허의 긴급한 공부 거리가 생겼을 때는 지금 하고 있는 공부보다 우선시해야 하는가를 생각해 보고, 막중한 경우에는 새 공부에 착수하고, 그렇지 않을 경우에는 지금의 공부를 지속한다.

나. 공부에 집중하기

공부를 잘하고 못하고의 차이는 공부에 대한 집중력의 차이가 중요하다. 공부에 대한 집중력이란 자신의 마음이나 주의를 공부에 온통 기울이는 능력을 말한다. 공부에 집중하는 습관을 가지려면 두 가지 방법이 있다.

하나는 주변을 정리하여 오직 공부에만 몰두할 수 있는 환경을 만드는 것이다. 주변에 나를 유혹하는 것들이 있으면 당연히 유혹을 뿌리치지 못하고 다른 공부에 관심을 갖게 되고 그러다 보면 공부에 집중할 수 없게 된다. 따라서 주변 환경 중에서 공부와 상관없는 것들을 과감하게 없애 버리는 결단력이 필요하다. 또 하나는 공부에 집중하기 위해서는 주변의 방해를 받지 않고 공부하는 분위기를 조성하는 것이 필요하다.

학교나 학원에서 보면 특별한 공부 없이 다른 사람들을 찾아다니는 사람이 많다. 들어 보면 특별한 일도 아니고 그냥 일반적인 수다로 끝나는 경우가 많다. 따라서 집중력을 높이려면 이러한 사람들을 피해야 한다.

다. 감당할 수 없는 공부는 시작하지 말기

사람들은 대부분 어떤 공부가 주어지면 그 공부가 어느 정도의 시간이 걸려야 해결할 수 있다는 감을 잡을 수 있다. 공부에 따라서 짧은 시간을 들여서 금방 처리할 수 있는 공부가 있는 반면에 아주 많은 시간이 걸려도 달성하기 힘든 공부가 있다. 짧은 시간에 처리할 수 있는 공부는 어떤 공부를 해도 좋지만, 너무 많은 시간이 걸리는 공부는 하기 전에 꼭 고려해야 한다.

자신이 감당하기 어렵게 너무 오랜 시간이 걸리는 공부라면 포기하는 것이 좋다. 괜히 자신의 능력에 벗어난 어려운 공부를 하다가 시간만 허비하고 중간에 포기하면 오히려 지금까지 가진 학습 의욕에도 떨어뜨리기 때문이다.

라. 공부 과정을 미리 계획하기

공부를 시작할 때 공부 과정을 미리 계획하면 순서대로 공부를 할 수 있지만, 계획이 없이 아무거나 하게 되면 뒤로 미루거나 빠질 수 있다. 최고의 소설가 존 그리샴은 자신의 새로운 법정 스릴러 소설을 쓸 때마다 대부분의 사람들이 시도하지 않는 방법으로 먼저 스토리보드를 이용하여 주인공들의 행동 과정을 그린다.

그리샴은 스토리보드를 중심으로 주인공별로 포괄적인 개요를 순서대로 작성한다. 이 개요는 60~80페이지에 이른다. 그리샴은 본격적으로 소설을 쓰기 시작할 때나, 실마리를 풀어나갈 때, 헤매는 법이 없다. 그는 미리 작성한 포괄적인 개요를 참조하면서 다음에 무엇을 써야 하는지를 정확하게 파악하고 있기 때문이다. 이러한 절차가 공부를 진행하는 데도 효과적이다. 어떤 공부든 주어지면 그에 따라서 진행순서를 계획하고 구체적으로 사안마다 어떻게 해야 할지를 구상하게 되면, 한번 시작된 공부는 순서대로 일사천리로 진행될 수 있다.

마. 완벽주의에서 벗어나기

공부를 완벽하게 하는 것은 정말 바람직한 일이다. 그러나 문제는 완벽해지기 위해서는 많은 시간이 필요하다는 것이다. 따라서 너무 모든 공부를 완벽하게 진행하려면 최선의 노력을 들여야 할 뿐 아니라 시간적으로도 많은 투여를 해야 한다. 그러다 보면 많은 공부를 진행하기는 어렵다. 한 가지 공부를 해야 할 때는 어쩔 수 없겠지만, 많은 공부를 해야 할 경우에는 완벽주의에서 벗어나 우선은 대충이라도 시작하여 공부를 해결하려는 노력을 해야 한다. 그렇지 못하면 한 가지 공부밖에는 완수하지 못하는 경우가 생길 수 있다.

심한 경우에는 그릇된 완벽주의가 공부의 진행을 방해하는 경우다. 한 가지 공부에만 매달려 시간을 보내다 보면 다음 공부를 추진하지 못하고, 결국에 가서는 어느 것 하나도 제대로 해내지 못하게 된다.

바. 자리에 앉자마자 시작하기

학생들의 시간을 조사해 본 결과 학교나 집에 도착해서 공부를 시작하는 데까지 걸리는 시간을 측정해 본 결과 30분이 지나야 비로소 공부를 시작한다는 연구 결과가 있다.

학교나 집에 도착하자마자 바로 공부를 시작한다면 하루에 30분 일찍 공부를 끝마치거나, 30분 더 공부할 수 있다는 결론이 나온다. 따라서 학교에 도착해서 어떤 공부를 시작할까를 결정하기보다는 등하교하는 도중에 모든 결정을 마치고 학교에 도착하면 바로 공부를 시작하는 습관을 길러야 한다.

사. 어떤 공부든 잘할 수 있다고 결심하기

공부를 시작하기로 결정하였다면 공부하는 동안 나는 무슨 공부든 잘할 수 있다는 자신감을 가져야 한다. 공부하면서도 자신에 대한 부정적인 인식으로 공부를 잘못할지도 모른다고 생각하고 하면 공부는 부담이 되고 결국은 공부를 중도에 포기하게 하거나 좋지 못한 결과를 내기가 쉽다. 따라서 공부를 시작하는 순간부터 나는 무슨 공부든 잘 할 수 있다는 자신감으로부터 시작하여, 공부가 시작되면 공부를 즐기려는 생각으로 시작하고, 공부를 진행하는 동안에는 나의 자아성취감을 위해서 공부를 하고 있다고 자신의 생각을 긍정적으로 갖는다면 공부의 목표를 효과적으로 달성할 수 있게 된다.

아. 나태함 버리기

나태에 대한 사전적 의미를 보면 행동, 성격 따위가 느리고 게으른 것을 말한다. 이러한 나태함은 선천적으로 가지고 태어나기보다는 후천적으로 가정이나 사회, 문화 환경의 영향을 받아서 굳어지는 경우가 많다. 나태함은 단순히 사람을 게으르게 보이게 할 수 있지만, 게으름만이 문제가 아니라 시간을 낭비하게 하는 시간 도둑이기도 하다.

지금까지 공부를 열심히 하던 사람도 공부에 지쳐서 공황 상태가 장기화가 되면 나태함에 빠지기도 한다. "나도 골프가 싫을 때가 있다." 골프의 황제 타이거 우즈가 친하게 지나는 기자에게 한 얘기다. 이처럼 한 분야에서 성공한 사람들도 슬럼프에 빠질 때가 있는데 이 슬럼프를 슬기롭게 탈출하지 못하면 나태함에 빠질 수 있다.

나태는 아주 교활하다. 나태함에 걸린 사람들은 항상 그럴듯한 핑계를 대어 나태를 합리화시킨다. 그래서 그들의 나태는 아주 합리적으로 보이기까지 한다. 그러나 나태는 항상 사람을 흔들리게 하고 끝내는 무너지게도 만든다. 따라서 나태함을 극복하기 위해서는 다음과 같은 방법들을 고려하면 효과가 있다.

자. 공부하지 않았을 때의 결과를 상상하기

나태함에 빠져 아무 공부도 하지 않았을 때의 결과에 대하여 상상해 보라. 공부를 하지 않아서 원하는 학교로 진학하지 못한다든지, 공부를 게을리해서 부모님에게 꾸중을 듣던지 등의 결과를 생각한다면 '나태함을 끝까지 유지할 것인가?' 또는 '나태함을 여기서 끝낼 것인가?'를 결정하게 될 것이다.

차. 나태함에 대한 보상체계를 세우기

나태함에서 벗어나려고 미약하나마 진척을 보인 대가로 자신에게 보상해 주면, 나태함에서 벗어날 가능성이 훨씬 높아진다. 보상은 다양한 형태를 취할 수 있다. 나태함에서 벗어나려는 노력을 보이면 자신이 좋아하는 영화를 보게 하거나, 친구를 만나 수다를 떨게 하거나, 수면을 취하게 하는 것도 보상이 될 수 있다. 이처럼 보상은 대단한 것이 아니고 자신이 원하던 공부를 해주는 것을 말하며, 원하는 공부를 보상으로 받아서 하기 위해서는 꼭 나태함에서 벗어나려는 노력을 보일 때마다 주어지면 효과가 높아진다.

카. 뒤로 미루는 공부습관 버리기

리타 엠멋의 저서 『세상의 모든 굼벵이들에게』를 보면 사람들에게는 고질적인 미루기 습관이 있는데 이러한 미루기 습관 때문에 사람들은 종종 어려운 일을 당한다고 한다.

미루기 습관은 하기 싫어서 미루고, 귀찮아서 미루고, 곤란해서 미루고, 시간이 많이 남아서 미루는 것이 습관으로 굳어지게 되어서 모든 공부를 습관적으로 미루는 현상을 말한다. 성공으로 가는 가장 기본적인 자세는 지금 해야 할 공부는 지금 바로 하는 것이다.

공부를 잘못하거나 공부의 속도가 늦은 사람은 지금 해야 하는 공부인데도 불구하고 바쁘다는 이유로 차일피일 시간을 미루는 사람들이다. 어차피 지금 시간이 부족하다면 나중에도 마찬가지이기 때문이다. 시간을 미루다 보면 자연적으로 미루어진 해야 할 공부를 잊어버려 못하는 경우도 있고, 결국 시간적으로 쫓겨 대충해내는 경우가 많다. 결국은 미루려는 생각 때문에 자신의 능력이 부족하거나 성실하지 않은 사람으로 인식되기 쉽다.

이러한 미루기 습관도 노력하면 얼마든지 고칠 수 있다. 때로는 생각만 바꾸어 먹는다면 바로 고칠 수 있는 것이 바로 미루기 습관이다. 다음은 미루기 습관을 고칠 수 있는 방법들이다.

1) 나중에 하면 더 쉬울 것인가를 생각해 보기
공부를 뒤로 미루는 순간 공부는 아주 잊혀지거나 나중에 다시 시작하려고 했을 때 그 공부에 대한 성격이나 규정을 다시 찾아서 분위기를 숙지하지 못하면 제대로 수행하지 못하게 될 때가 많다. 그리고 바로 시작한 것보다는 더 오래 걸려서 공부를 진행해야 한다.

2) 주어지면 바로 실천하기
뒤로 미루기 습관을 가진 사람들이 미루었던 공부를 다시 하는 때는 마음이 내켜야 한다는 것이다. 하지만 업무나 공부의 경우, 하고 싶은 마음이 내킬 때까지 기다리는 것은 완벽한 시간 낭비이며, 공부를 못하는 것에 대한 궁색한 변명일 뿐이다.
오늘날처럼 급변하는 현실을 비추어볼 때 마음이 내킬 때까지 기다린다는 것은 사치이며, 기다려 줄 아무것도 없다. 이렇게 공부를 미루는 중에서 많은 의사결정의 기준은 공부가 급하지도 않고 중요하지 않다고 생각하기 때문이다. 그러나 대부분 주어지는 공부라는 것 자체가 시급한 공부들이 많다.
따라서 어떤 공부든 공부가 주어지면 바로 해결하려는 습관을 가져야 하고, 공부가 몰려서 쌓일 때는 우선적으로 기간이 정해져 있는 중요한 공부를 하고, 나중에는 기간이 정해지지 않은 중요한 공부를 수행해야 한다.

3) 어떤 공부든 쉽게 시작하기
공부를 뒤로 미루려는 습관 중에는 공부가 어렵다고 스스로 생각함에 따라 나중에 해야 하겠다고 스스로 포기하는 경우가 있다. 어떤 공부든 어렵게 생각해서는 바로 시작하기 보다는 조금 쉬었다가, 나중에 여유가 있을 때 해야겠다는 합리화를 하기 쉽다.

따라서 공부를 마주쳤을 때 공부에 대하여 '어렵다.'혹은 '쉽다.'라는 개념으로 구분할 것이 아니라 모든 공부를 쉽게 생각하고 시작하면 모든 공부가 쉽게 생각될 수 있다. 비록 처음에는 시간이 걸리고 해결하기 어려운 공부들도 자꾸 연습하고 적응하다 보면 점점 어려운 공부도 쉬운 공부로 바뀌는 것을 자주 볼 수 있다. 공부는 하지 않으려고 해서 어려운 것이지 하려고만 한다면 어떤 공부든 너무 쉬운 공부로 바뀌게 될 것이다.

3) 반성의 시간 갖기

공부를 뒤로 미루는 습관을 가진 사람은 공부가 종료가 된 후 항상 공부를 진행하는 과정과 공부의 결과에 대하여 반성의 시간을 가져보면 의외로 공부를 바로 처리하는 습관을 굳히는 계기가 될 수 있다.

반성의 시간을 갖는다는 것은 공부가 진행되는 도중에는 '공부를 진행하는 과정에서 문제는 무엇이 있는가?', 또는 '공부를 진행하는 과정에서 어려운 점은 무엇이었는가?'를 반성해 보고 공부의 종료 시에는 '공부의 결과에 대해서는 당사자들은 만족하고 있는가?', 또는 '공부의 결과에 대하여 자신은 만족하고 있는가?'를 반성해 보는 것이다. 이러한 반성의 결과 긍정적인 결과가 많이 나올수록 성취감이 높아져 뒤로 미루기 습관은 사라지고 공부를 바로 처리하는 습관이 자리 잡게 된다.

08. 시험관리 전략

시험관리 전략이란 시험을 잘 보기 위한 요령을 익히는 것을 말한다. 시험공부를 열심히 했지만, 공부한 만큼 시험을 잘 보지 못한 경험은 누구나 있을 것이다. 물론 공부를 열심히 하면 시험을 잘 보는 것은 당연하겠지만, 시험을 잘 보는 요령을 알고 있으면, 실수를 줄이고 최대한 효과를 볼 수 있을 것이다.

가. 시험공부 전략

1) 벼락치기 공부는 하지 않는다.

벼락치기 공부는 흔히들 평상시에 예습과 복습을 하지 않고 있다가 시험 기간이 가까워지면 그냥 하루에 공부 다 하고 시험 보는 것을 말한다. 벼락치기 공부는 시험 분량이 적은 초등학교에서의 시험에서는 효과를 볼 수 있겠지만, 시험 분량이나 과목이 많아지는 중학교부터는 효과를 보기 힘든 공부 방법이다. 따라서 중간고사는 10여 일 전부터 시험공부를 하는 것이 적당하고, 기말고사는 20일 전부터 공부하는 것이 시간에 쫓기지 않으며 공부할 수 있다.

2) 시험공부 계획표를 짠다.

학습에도 계획이 필요하듯이 시험공부에도 시험공부 계획을 세우는 것이 시간을 효율적으로 사용하는 데 도움이 된다.

〈표 6-3〉 시험공부 계획표

구 분	방				법	
목표점수	과목	전점수	목표점수	시험범위	참고서적	특징
시험범위	국어	80	90	40-70p	노트, 교재	중간고사에서 일부출제
	영어	75	85	45-65p	노트, 참고서	
	수학	85	95	30-70p	노트	일차방정식
	과학	58	70	40-75p	문제집	
	사회	78	88	43-73p	참고서	
	기술	80	90	36-64p	교재, 노트	
공부계획	D-20	국어		D-10		•
	D-19	영어		D-9		•
	D-18	수학		D-8		•
	D-17	과학		D-7		•
	D-16	사회		D-6		•
	D-15	기술		D-5		•
	D-14	•		D-4		문제집 풀기
	D-13	•		D-3		문제집 풀기
	D-12	•		D-2		총정리
	D-11	•		D-1		총정리
기 타						

3) 시험공부에는 순서가 있다.

시험공부는 무작정하는 것이 아니라 일정한 순서를 가지고 해야 효과가 있다. 첫째는 시험 볼 단원의 학습목표를 전체적으로 보면서 무엇을 배웠고, 무엇을 알아야 할지 생각한다. 둘째는 그것을 토대로 교과서와 프린트, 노트, 교과서 등을 살핀다. 셋째, 문제집을 풀어서 이미 풀었던 문제들 중 틀렸던 것과 헷갈렸던 문제들을 다시 보는 것이 효과적이다.

4) 시험 공부를 하기 전에 기출문제를 먼저 풀어 본다.

시험 공부를 하기 전에 기출문제를 먼저 풀어보는 것은 자연스럽게 어떤 단원이 중요하고 어떤 내용이 자주 출제되는지, 문제 유형은 어떤지를 알 수 있을 뿐만 아니라 내가 알고 있는 선행지식 수준을 평가하게 된다. 이러한 사전적 지식을 바탕으로 시험공부를 얼마나 해야 할지, 어떻게 해야 할지를 결정하는 데 기준으로 삼는다.

5) 요점 노트로 공부한다.

요점 노트는 학교나 학원에서 배운 노트나 교과서를 바탕으로 꼭 기억해야 할 내용들을 요약해서 적은 노트이다. 요점 노트는 적는 것이 중요한 게 아니라 활용하는 방법이 중요하다. 요점 노트를 활용하는 방법은 시험 기간에 모두 생각나는지 다시 한번 암기해 보고, 각 단원의 내용에서 중요하게 다뤄지는 중심 내용이 무엇인지를 머릿속에 떠올리며 공부한다. 시험 기간은 요점정리 노트를 활용하면 가장 큰 효과를 볼 수 있는 시기이다.

6) 오답 노트로 공부한다.

연습문제를 풀거나 시험이 끝나고 나서 시험지를 덮어버리면 한번 틀렸던 문제를 다시 만나게 되어도 틀릴 확률이 높다. 따라서 오답 노트를 만들어 두면 다음에 똑같은 문제를 만나서도 절대 틀리지 않아 시험 성적을 높일 수 있다.

오답 노트를 작성하는 방법은 틀린 문제를 베껴 쓰고 틀린 이유(몰라서 틀린 문제, 정확하게 기억이 나지 않아서 틀린 문제, 찍어서 틀린 문제 등)를 기록한다. 오답 노트는 연습문제나 시험 문제 중 틀린 것을 적은 것이므로 시험을 보기 전에 꼭 한 번씩 보아야 한다.

〈표 6-4〉 오답 노트 작성 방법

문항수	국어	수학	과학	사회	
1	☆ 은유의 반대말은? 과장				
2					
3					
4					
5					
6					
계					

실수로 틀림 ∨ 몰라서 틀림 × 정확히 기억이 나지 않아서 틀림 ▽

나. 시험 전날 전략

1) 과격한 운동을 하지 않는다.

시험 공부 기간 중에 평소에 하지 않던 운동을 심하게 하는 경우가 있는데 이것은 근육과 신경을 흥분시켜 중요한 내용의 이해와 기억에 방해가 된다. 따라서 과격한 운동은 지양하고 맨손 체조나 걷기 등 가벼운 운동을 규칙적으로 하는 것이 좋다.

2) 기출 시험지를 다시 풀어 본다.

시험을 보기 전에 지금 다니는 학교의 선배나 다른 학교의 선배들을 통해서 작년이나 지난해의 기출 시험지를 구해서 다시 풀어보는 것이 좋다. 시험 범위가 같은 경우 때로는 문제가 똑같은 것이 출제되기도 하고, 살짝 바뀌어서 출제되는 경우도 있다.

시험 공부를 준비한다면, 이전에 친 시험지를 검토해 본다. '어떤 문제들이 나왔는가?', '틀린 문제는 어떤 것이었나?' 그리고 '출제되지 않은 문제 중에 출제될 수 있는 문제가 무엇이 있는가?'를 찾아본다.

3) 최종 연습문제를 풀어보며 최종 점검한다.

모든 공부를 마친 후 최종 점검을 하기 위해 연습문제를 풀어 본다. 기출문제는 지금까지 공부한 내용에 대한 테스트이기도 하지만, 부족한 부분을 보충할 수 있는 계기를 만들어 준다. 자연스럽게 어떤 단원이 중요하고 어떤 내용이 자주 출제되는지, 문제 유형은 어떤지를 알 수 있게 된다.

4) 시험 전날은 일찍 잔다.

시험 공부를 위하여 시험 당일 밤을 새우게 되면 오히려 뇌의 활동이 피로해서 평상 시보다 기억력이 떨어지기 쉽다. 따라서 시험 전날은 꼭 일찍 취침에 들어 충분히 잠을 자고, 아침 일찍부터 시험보기 전까지 공부하는 것이 오히려 기억을 떠올리는 데 도움이 된다.

5) 시험 볼 때 필요한 물품을 준비한다.

시험 당일이 되면 긴장하게 되어서 의외로 시험 볼 때 필요한 필기도구를 빼놓고 가서 당황하는 경우가 있다. 따라서 전날 시험에 필요한 필기도구나 음료수, 로션 등을 사전에 잘 준비해 두면 다음 날 긴장하지 않아도 된다.

다. 시험 당일 전략

1) 시험시간보다 일찍 도착한다.

지나치게 불안하게 되면 알던 것도 잘 생각이 나지 않는 데 이런 경우를 시험 불안이라고 부른다. 더욱이 시험 당일 날 늦기라도 하면 더욱 불안해져 시험을 못 볼 수도 있기 때문에 시험 당일은 조금 일찍 도착하도록 해야 한다.

2) 불안과 긴장을 푼다.

시험장에서 불안한 마음이 생기면 시험에 대한 생각을 접어두고 심호흡을 하면서 천천히 마음을 가라앉히는 것이 좋다. 적당한 긴장은 자신의 능력을 최대한 발휘하는 데 도움이 되지만 너무 긴장하는 것은 오히려 능력을 제대로 발휘하지 못하게 한다. 혹시, 시험 불안이 있다면 간단한 스트레칭이라도 미리 익혀두는 것도 도움이 된다.

3) 시험지를 전체적으로 훑어본다.

시험지를 받고 이름을 쓴 다음 급히 첫 문제부터 풀지 말고 전체 문제지를 한번 눈으로 3분 정도 대강 훑어본다. 그리고 문제가 어느 정도 어려운지, 이 문제들을 푸는 데 어느 정도의 시간이 걸릴지를 대충 생각해본 후 문제를 풀기 시작한다.

4) 쉬운 문제부터 풀고 나중에 어려운 문제를 푼다.

쉬운 문제부터 풀어나가고, 잘 생각이 나지 않는 문제는 따로 표시하고 넘어갔다가 나중에 다시 풀자. 확실히 풀 수 있는 문제에는 '•', 조금 생각할 필요가 있는 문제에는 '△', 못 풀 문제에는 '?'를 해두자. 그런 후 '•'한 문제부터 풀어가는 것이다. 다음에는 당연히 '△'와 '?'순으로 문제를 푼다. 이 방법을 사용하면 어려운 문제에 매달리다가 시간이 부족해서 아는 문제까지 못 푸는 슬픈 일은 미연에 방지할 수 있게 된다.

5) 문항 전체를 꼼꼼히 읽어 본다.

성질이 급한 학생들은 문항의 앞부분만을 보고 바로 답을 체크하는 경우가 있다. 특히, 객관식 문제를 풀 때는 틀린 것을 고르는 것인지 올바른 것을 고르는 것인지 주의해야 한다. 답을 무작정 쓰지 말고 문제를 꼼꼼하게 잘 읽고 이해한 다음에 쓴다.

6) 답을 답안지에 적을 때는 주의 깊게 한다.

답을 답안지에 적을 때는 객관식 문제의 경우 답이 밀려 쓰지 않도록 주의해야 하며, 다 적고 나서는 답안지와 답을 다시 확인해 보아야 한다. 만약 답안지를 밀려 쓰거나 잘못 적을 경우에는 감독 교사에게 답안지를 바꾸어 달라고 한다.

7) 문제를 다 풀었으면 전체적으로 다시 검토한다.

문제 풀이가 끝나면 시험을 끝내고 나오지 말고 남은 시간 동안 전체적으로 검토하여 답을 잘못 표기한 것이나 빠진 것은 없는지 다시 확인해 본다.

8) 알쏭달쏭한 경우에는 답을 고치지 않는다.

문제가 알쏭달쏭한 경우에는 한번 답을 고른 다음에 나중에 다시 보면 다른 것이 답인 것 같아 고쳤다가 지웠다가 고민하는 경우가 종종 있다. 이때 처음에 쓴 답이 정답일 가능성이 더 높다고 한다. 그러므로 한 번 쓴 답은 분명히 이거야 하는 확신이 없다면 고치지 않는 것이 좋다.

9) 문제가 요구하는 것을 정확히 이해하고 답을 적는다.
• ~을 비교하라 : 두 가지나 그 이상의 사실에 대해서 따로따로 정의를 내린 다음 공통점과 차이점을 정리해야 한다.
• ~을 증명하라 : 제시된 공식이나 개념을 자세한 내용에서부터 전체적인 것으로 적어 나가야 하는 한다.
• ~을 기술하라 : 관련된 사실을 하나씩 써 나가야 하는 데 적절한 예를 들어준다.
• ~을 나열하라 : 문제가 요구하는 답을 차례대로 적어 나가야 한다.

10) 주관식은 정성스럽게 적는다.

주관식은 아는 것만큼은 최선을 다해서 적는다. 글씨는 채점하는 선생님이 알아볼 수 있도록 정자로 써야 한다. 실제로 선생님들이 주관식을 채점하다 보면 글씨를 잘못 읽어 오답으로 채점하는 경우가 있기 때문이다. 또한 답을 모른다고 해서 빈칸을 남겨 두지 말고 정답이 아니더라고 유사한 답은 정성을 다해 적는다.

11) 시험이 끝난 직후 다음 시험만 생각한다.

사람은 처음 출발에서 잘못되게 되면 다음까지 영향을 받게 되는 경우가 많다. 마찬가지로 첫 시험에서 원하는 성적이 나오지 않아 낙담하고 실망함으로 인해 다음 시험까지 망치는 경우가 자주 나타나고 있다.

이미 지나간 일 때문에 고민한다고 달라질 것은 하나도 없을뿐더러 오히려 다음에 나쁜 영향을 주므로 마음을 비우고 다음 시험을 준비하는 것이 좋다. 새로운 마음으로 "다음 시간에 시험을 더 잘 봐야지"하는 생각을 가지고 시험에 임하면 한결 마음이 편해질 것이다. 잊을 것은 빨리 잊는 것만큼 현명한 사람은 없다.

참고 문헌

김미송외021). 최신 심리상담의 이론과 실제. 위즈덤랩.

박인숙(2010). 메타인지 기능을 강화한 과학 창의적 문제 해결 능력 신장 프로
그램 개발과 적용. 이화여자대학교 대학원 박사학위논문.

박지민(2011). 메타인지 전략 활용 수업이 영어 읽기 동기 및 독해력에 미치는
영향. 공주대학교 대학원 박사학위논문.

송수연·김현수(2014). 메타인지 전략을 활용한 읽기 활동이 유아의 이해력과 회
상기억에 미치는 영향, 한국심리학회 학술대회자료집, 14(1), 340-341.

이경국 (2008). 메타인지 전략과 인지 전략이 학업성취에 미치는 영향 연구. 상
업교육연구, 21, 115-139.

이달석(1990). 메타인지와 학업성취도와의 관계분석. 충남대학교 대학원 박사학
위 논문.

이양기(2005). 메타인지적 사고가 문장제 문제 해결에 미치는 .단국대학교대학
원 박사학위논문.

이은주(2010). 메타인지를 활용한 직접적 탐구 기능 수업 전략에 대한 연구. 이
화여자대학교 대학원 박사학위논문.

전도근(2009). 자기주도적 공부습관을 길러 주는 학습 코칭. 학지사.

전도근(2009). 명강의 전략. 학지사.

전도근(2010). 읽기 전략. 학지사.

전도근(2010). 쓰기 전략. 학지사.

전도근(2010). 학습동기유발 전략. 학지사.

전도근(2010). 엄마표 자기주도학습. 북포스.

전도근(2010). 기억력과 암기력 향상 전략. 학지사.

전도근(2011). 창의력 향상 전략. 학지사.

전도근(2012). 우리아이 공부의 달인 만들기. 학지사.

전도근(2012). 전도근 박사의 자기주도학습 지도 전략. 학지사.

전도근(2012). 전도근 박사의 자기주도학습 코칭 전략. 학지사.

전도근(2016). 주의집중력 향상 전략. 학지사.

최은희·김민경(2006). 메타인지 전략을 활용한 수업에서의 초등학생의 수학적 추론과 표현에 미치는 효과에 관한 연구. 교과교육학연구, 10(1), 191-207.

토니 부잔(2010)저/ 서정현역 『마인드맵 두뇌 사용법』. 비즈니스맵.

Brown, A.. . (1987). Metavognition, executive control, self-regulation andothermoremysteriousmechanism. in Inweinert.

F. E., Kluwe, R. H. (Eds), Metacognition. Motivation, and Understanding. Hillsdale, NJ :. awrence Erlbaum.

Borkowski, J. G., Kurtz, B. E.(1987)Metavognition and excutive control. InJ. Borkowski, & J. Day(Eds.), Intelligenceandcognitioninspecial

children : Perspective son retardation,. eaning disabilities, and giftendness. Cambridge, England : Cambridge University Press.

Cross, D. R., & Paris, S. G.(1988)Developmental and instructional Analyses Of Children's Metacognition and reading Comprehenison. Journal of Educational Psychology. 80(2), 131-142.

Costa, A .. (1984). Mediating the Metacognitive. Educational. eadership. 42(3). 57-62.

Davis, J. O.(1978). The effects of three approaches to science instruction on the science achievement, understanding, and attitudes of selected fifth and sixth grade students. Dissertation Abstracts, 39, 2111A.

Driver(1989). Changing Conceptions, In P. Adey(Ed), Adolescent development and school science, Falmer Press

Eysenck, M. W. & Keane, M. T.(1995). *Cognitive psychology: A student's handbook*: UK:. awrence Erlbaum.

Flavell. J. G. (1976). Metacognitive aspects of problem solving. In. . Resnick(Ed.), The nature of intelligence. NJ :. awrence Erlbaum.

Garner, R.(1988). Metacognition and reading comprehension, Nor wood, New-Jersey : Ablex publishing corporation.

Gilbert, J. K., Osborne, R. J., Fensham, P. J.(1982) Children's science and its consequences for teaching. Science Education 66(4).

Harasim,. . M.(Ed.).(1990). Online Education: Perspectives on a new environment. New York : Praeger.

Howard, R. W.(1987). Concepts and Schemata.. ondon: Cassel

Ivins, J. E.(1986). A comparison of the effects of two instructional sequences involving science. aboratory activities. Dissertation Abstracts, 46(8), 2254A.

Jacobs, J. E., & Paris, S.G.(1987). Children's metacognition about reading :. ssues indefinition, measurement, and instruction. Educational Psychologist, 22(3&4), 255-278.

Joyce, B., & Weil, M. (1986). Models of teaching (3rd ed.). NJ: Prentice-Hall.

Karplus, R.(1977). Science Teaching and The Development of Reasoning. Journal of Research in Science Teaching, Vol.14(2). 169-175.

Kelly, G.A.(1955). The psychology of personal construct, newyork.

Lawson, A. E., Abraham, M. R., & Renner, J. W.(1989). A Theory of Instruction: Using The. earning Cycle to Teach Science Concept and Thinking.

Lin, X(1994). Metacognition : implications for researching hypermedia-based. earning environment. ERIC document reproduction service No. ED373736.

Mason, R.(1990). Computer conferencing in distance education. In A. W. Bates(Ed.), Media and Technology in European distance education. Milton Keynes: The Open University for the European Association of Distance Teaching Universities, pp.221-226.

McCombs, B.(1991). Metacognition and motivation in higher. evel thinking. Paper presented at the annual meeting of the American Educational Research Association, Chicago, IL.

저자 소개

고성원

저자는 HRDI 인재개발연구원을 설립하여 전국 지방자치단체를 대상으로 교육연구 및 교육컨설팅을 하고 있으며, 전국 대학교를 대상으로 진로·취업 컨설팅을 진행하고 있다. 그리고 한국메타인지협회를 설립하여 기초학습능력을 향상할 수 있는 메타인지학습 프로그램을 개발하여 전국의 초·중·고등학교를 대상으로 메타인지학습 프로그램, 자기주도학습 프로그램, 진로 캠프 등을 연구 및 진행하고 있다.

전도근

저자는 충남 청양에서 태어나 공주대학교 일반사회교육과를 졸업하고 경희대학교 교육대학원에서 교육공학을 공부하였으며, 홍익대학교에서 평생교육정책으로 박사학위를 받았다. 의정부고등학교와 의정부여고, 화수고등학교에서 16년간 교사로 학생들을 지도하였고, 2년간 경기도 교육청에서 경기지역 평생정보센터를 운영하였으며, 강남대학교에서 5년간 강의하였다. 지금까지 교육, 컴퓨터, 요리, 자동차, 서비스 등과 관련된 50개의 자격증을 취득하였으며, 각 대학교, 지자체, 교육청, 평생교육원, 국가전문행정연수원 및 각종 기업체 연수원 등에서 3,000여 회 이상 특강을 하였다.

제1회 평생학습대상 특별상을 수상하였으며 SBS 「순간포착 세상에 이런 일이」, KBS 「한국 톱텐」 등에 소개되었다. 지금까지 『엄마는 나의 코치』, 『아빠 대화법』, 『공부하는 부모가 공부 잘하는 자녀를 만든다』 『자기주도적 공부습관을 길러 주는 학습코칭』 『명강사를 위한 명강의 비법』, 『엄마표 초등 읽기·쓰기 길잡이』, 『엄마표 시험공략법』, 『수다치료의 이론과 실제』 등 300여 권의 저서를 집필하였다.

기초학습능력을 높이는 **메타인지학습**

초판1쇄 인쇄 - 2022년 3월 1일

초판1쇄 발행 - 2022년 3월 1일

지은이 - 고성원·전도근

펴낸이 - 이영섭

출판사 - 인피니티컨설팅

서울 용산구 한강로2가 용성비즈텔. 1702호

전화 02-794-0982

e-mail - bangkok3@naver.com

등록번호 - 제2022-000003호

※ 잘못된 책은 바꾸어 드립니다.

※ 무단복제를 금합니다.

ISBN 979-11-977541-8-0[13370]

값 16,000